MÉMOIRE

POUR

M. Jean-Charles-Alfred DORNIER,

propriétaire, demeurant à Paris,

CONTRE

MM. Alexandre - François DORNIER,

Jean - Baptiste - Auguste DORNIER,

ET SES AUTRES COHÉRITIERS.

Les procès de famille ont toujours quelque chose d'affligeant pour la morale publique ; mais la responsabilité n'en doit pas retomber toujours sur celui qui les provoque.

D'un côté, s'il a fait tous ses efforts pour arriver à une transaction qui devait prévenir le débat judiciaire ;

D'un autre côté, si ceux qu'il est forcé de considérer comme ses adversaires, puisqu'ils ont préféré la lutte à la conciliation, persistent à vouloir profiter de certains actes que la loyauté et la bonne foi réprouvent ; s'ils foulent aux pieds ce principe d'égalité qui doit présider au règlement des droits entre héritiers ; si plusieurs d'entre eux, s'étant fait en quelque sorte leur part d'avance, dans le patrimoine de l'auteur commun, cherchent de vains prétextes pour éluder la loi qui les oblige d'en faire le rapport à la masse ;

En un mot, s'il y a pour l'un des enfants un préjudice grave à réparer et nécessité de demander aux tribunaux une justice que ses frères lui refusent, nul ne pourra le blâmer de faire valoir des droits qu'on s'obstine à méconnaître.

Dans de semblables circonstances, si le débat judiciaire entraîne quelque scandale, ce n'est pas à lui qu'on pourra l'imputer, mais à ceux qui ont rendu le procès inévitable, en sacrifiant les devoirs et les affections de famille à un vil sentiment de cupidité.

Telle est la situation respective des parties dans la cause actuelle.

Le demandeur voulait la paix, on a préféré la guerre : que ceux qui ont fait ce choix déplorable en acceptent les inconvénients.

Les magistrats ne peuvent rendre une bonne justice qu'en prenant la vérité pour base de leurs décisions. Autant que cela dépend de lui, l'exposant la leur fera connaître : c'est un devoir qu'il doit remplir, c'est aussi un droit dont il veut user. Quelques amours-propres en seront blessés, n'importe ; chacun doit subir les conséquences de ses actes ; et puis, on ne peut exiger de celui qu'on appelle au combat qu'il s'y présente sans armes.

FAITS GÉNÉRAUX.

M. Jean-Claude Dornier, père et aïeul des parties qui figurent au procès, fut un des hommes les plus distingués dans l'industrie métallurgique : aussi, favorisé d'ailleurs par les circonstances, il acquit une grande fortune.

Il mourut en 1808, laissant une veuve et douze enfants, dont six seulement étaient alors majeurs ou émancipés.

Ces derniers furent associés par leur mère à l'exploitation des usines importantes que M. Dornier avait fondées ou agrandies. Comment la Société fut-elle constituée ? Quels en furent les résultats pour les enfants qui y avaient été admis ?

Les livres et écritures ne fournissent pas de documents précis à cet égard ; et quoiqu'il pût y avoir lieu à un rapport, du chef des enfants associés, d'après les articles 853 et 854 du Code civil, si la Société n'avait pas été contractée par acte authentique, on ne reviendra pas sur un fait consommé depuis un grand nombre d'années, d'autant que tous rapports sociaux entre la mère et ses enfants majeurs paraissent avoir cessé dès 1810.

Les heureux effets d'une bonne organisation se manifestent d'ordinaire, même après la mort de celui qui l'avait créée : aussi, les grands établissements industriels fondés par M. Dornier continuèrent-ils à prospérer, sous l'administration de sa veuve, grâce à des préposés intelligents, à une surveillance active, et peut-être aussi à la supériorité des produits livrés au commerce.

Cet état de prospérité dura tant que la mère de famille put s'occuper personnellement de l'administration de sa fortune et de la surveillance de ses grandes opérations industrielles.

Au mois de mai 1827, et lorsqu'elle avait déjà atteint sa soixante-dixième année, Mme Dornier éprouva un accident grave, une fracture au col de fémur.

Elle eut à subir des opérations douloureuses, et fut obligée de garder le lit pendant plusieurs années.

L'inaction forcée à laquelle elle fut condamnée rendit, dès ce moment, impossible toute surveillance de sa part ; mais ce qu'il y eut de plus fâcheux encore, c'est que les facultés intellectuelles de Mme Dornier s'affaiblirent notoirement, et qu'elle perdit complétement la mémoire.

On sait qu'une réaction salutaire s'opère rarement chez les vieillards, quand un accident tel que celui qu'avait éprouvé Mme Dornier a occasionné une perturbation grave dans leur organisation physique et morale.

Aussi, loin de se dissiper, le nuage qui voilait la raison de Mme Dornier semblait s'épaissir tous les jours. Pour elle, aucun souvenir du passé, aucune prévoyance de l'avenir, et rarement une impression vraie des événements qui s'accomplissaient sous ses yeux.

Un peu plus tard nous aurons à préciser quelques tristes détails à cet égard; qu'il nous suffise de dire ici que l'état mental de la mère de famille présenta un caractère si alarmant, que plusieurs de ses enfants et gendres considérèrent comme un devoir de provoquer son interdiction, au mois de mai 1833. Elle fut prononcée, après une longue instruction, par un jugement du tribunal de Gray en date du 1er juillet 1835.

Que s'était-il passé dans l'intervalle de 1827 à 1833, date de la demande en interdiction? Ceux là seuls auraient pu nous l'apprendre qui, à divers titres, géraient l'immense fortune de Mme Dornier; mais presque tous sont morts. Le dol et la fraude ne laissent pas toujours des traces, et l'absence de preuves assure plus d'une fois l'impunité du coupable.

Plusieurs révélations importantes ont cependant été faites aux parties intéressées, par suite de la double opération qui a eu lieu à la suite de la demande en interdiction : l'examen des livres et écritures, l'inventaire des papiers et notes de Mme Dornier.

Il résulte d'un examen rapide des livres, dont la justice trouvera sans doute convenable d'ordonner un dépouillement complet par des hommes spéciaux, que des capitaux importants qui avaient dû être encaissés, et des valeurs qui se trouvaient en portefeuille, ont disparu.

Il en résulte aussi que plusieurs des enfants visitaient souvent Mme Dornier à Pesmes, et se faisaient remettre des sommes plus ou moins considérables, à des titres ou sous des prétextes divers; si bien que, sans parler des remises de fonds qui n'ont laissé aucune trace, on peut constater ainsi l'attribution plus ou moins abusive que se sont faite quelques-uns des présomptifs héritiers d'un capital, argent, d'environ 1,000,000 fr.

Des lettres et notes trouvées parmi les papiers de la mère commune ont révélé des faits bien plus graves et que chacun pourra qualifier lorsque nous aurons fait connaître les circonstances qui s'y rattachent.

Il s'agit d'immeubles importants que quelques-uns des enfants se sont fait attribuer, à titre de donation, par préciput, et lorsque l'état mental de la mère de famille ne lui permettait pas d'apprécier le caractère et la portée de ces actes, à l'égard desquels elle n'a pas cessé de protester, dans ses moments lucides.

Madame Dornier est décédée à Pesmes, le 21 janvier 1844, laissant pour héritiers huit enfants et un petit-enfant représentant sa mère, décédée, épouse de M. Guillaume.

Trois des enfants existants lors du décès du père commun (Victor, Philippe Dornier et Mme Gravier) étaient morts depuis.

Par un jugement du 1er août 1844, le tribunal de Gray ordonna le partage de la succession de Mme Dornier, en déclarant que chacun des enfants y avait droit pour un neuvième, *après que les prélèvements et les rapports auraient été exercés.*

Le même jugement nomma trois experts pour procéder à l'estimation des immeubles dépendant de la succession, même de ceux dont il avait été disposé par préciput en faveur de deux des enfants. Leur procès-verbal, ouvert le 28 août 1844, fut clos le 28 mars 1846 et déposé au greffe du tribunal.

Quelques difficultés s'élevèrent entre les parties, à la suite du rapport des experts ; mais un jugement du 22 juillet 1846 en prononça l'homologation.

Il est utile de reproduire ici quelques dispositions de ce jugement qui se rattachent, d'une manière plus ou moins directe, aux questions que le tribunal est appelé à résoudre aujourd'hui.

La liquidation définitive de la succession exigeait plusieurs opérations importantes et qui ne pouvaient avoir lieu simultanément, ainsi qu'on le verra tout à l'heure. La formation des lots, relativement aux immeubles qui pouvaient être partagés en nature, à la suite de l'estimation qui en serait faite par les experts ; la vente sur licitation de certains immeubles reconnus impartageables, ou qui étaient d'une trop grande valeur pour entrer dans la formation des

lots, sans donner lieu à une soulte considérable ; enfin les prélèvements et les rapports.

Dès l'introduction de l'instance, il avait été parlé des rapports à
effectuer, notamment par deux des héritiers ; mais la plupart des
intéressés avaient reconnu qu'il convenait d'ajourner cette opération
jusqu'à l'époque où il serait procédé au partage du prix de la vente
des biens, et lorsqu'il ne s'agirait en réalité que de répartir une
somme d'argent à laquelle on aurait à ajouter le montant des rapports.

Voici, sur ce point, comment s'exprime le jugement du 22 juillet 1846 :

« Considérant que les cohéritiers sont d'accord de surseoir à
» statuer sur les opérations relatives aux rapports demandés à
» MM. Alexandre-François-Bernard Dornier et Jean-Baptiste-Au-
» guste Dornier, pour ne pas retarder les opérations du partage ;

» Le tribunal, homologuant le procès-verbal des experts, fixe,
» comme audit procès-verbal, les immeubles de la succession de
» Mme veuve Dornier qui ne sont pas sujets à contestation entre les
» enfants. » (Le tribunal fait ici allusion aux deux immeubles
donnés par préciput, qui avaient été l'objet de réserves de la part
de quelques-uns des héritiers, et qui étaient estimés à part) à la
somme de 4,894,438 fr. 21 c. — « Déclare qu'il est sursis, du con-
» sentement des parties, sur les questions relatives aux rapports de-
» mandés à MM. Alexandre-François-Bernard Dornier et Jean Bap-
» tiste-Auguste Dornier. »

On croit devoir faire remarquer à ce sujet que, quoique le jugement n'indique que deux des enfants comme ayant des rapports à effectuer à la masse, sa disposition ne saurait être entendue dans un
sens restrictif ou limitatif ; que la loi oblige tout héritier venant à
partage, à rapporter ce qu'il a reçu directement ou indirectement du
défunt ; qu'ainsi, le droit reste entier pour chacun d'eux, de demander
à ses cohéritiers le rapport des sommes et valeurs qu'il aurait reçues,
quand le fait serait lui-même prouvé ou reconnu.

Quelques-uns des intéressés avaient, dès cette époque, manifesté au tribunal les graves suspicions qui s'élevaient contre la sincérité de la donation entre vifs, à titre de préciput et hors part, des bois de Dampierre que M. Alexandre-François-Bernard Dornier s'était fait consentir par sa mère, le 16 juin 1828. Ils avaient même demandé que ces bois fussent mis sous le séquestre et administrés dans l'intérêt commun, ainsi que les autres immeubles de la succession.

Une telle demande était évidemment prématurée: aussi le tribunal en prononça-t-il le rejet, par une disposition ainsi motivée:

« Considérant qu'il n'y a pas lieu d'ordonner que les biens qui
» sont l'objet de la donation faite à M. Alexandre-François-Bernard
» Dornier, le 16 juin 1828, par acte reçu Cornet, notaire, seront mis
» en séquestre ni administrés, comme les autres biens de la succes-
» sion, par M. Humbert, conformément au jugement du 18 mai 1845,
» puisqu'ils sont possédés par ledit sieur Dornier, en vertu d'un
» titre authentique, qui doit conserver toute sa force, jusqu'à ce qu'il
» ait été statué sur les prétentions de quelques héritiers concernant
» les biens dont il s'agit.... »

La seule conséquence qu'on veuille tirer de cette disposition du jugement, c'est qu'on ne peut considérer comme nouvelle et imprévue la demande dont le tribunal est aujourd'hui régulièrement saisi, en annulation de la donation du 16 juin 1828; puisque depuis près de cinq ans, plusieurs des héritiers avaient provoqué, relativement aux immeubles compris dans cette donation, des mesures conservatoires, manifestant de leur part l'opinion que M. Alexandre Dornier n'était pas légitimement propriétaire des immeubles dont il s'agit.

Le même jugement, après avoir ordonné qu'il serait fait neuf lots de ceux des biens estimés par les experts, autres que les bois de Boncourt et Bouchot, contenant des quantités considérables de minerai, et dans lesquels il serait formé un lot pour chacun des copartageants, décida que les usines et leurs accessoires, non susceptibles de division, seraient licités, avec le concours des étrangers.

En vertu du jugement dont on vient de présenter l'analyse, les experts nommés par la justice procédèrent à la formation des lots, aux termes d'un procès-verbal ouvert le 23 septembre 1846, et clos le 5 mai 1847.

De nouvelles difficultés s'élevèrent encore, sur l'homologation de ce procès-verbal.

Elles furent résolues par un jugement du 2 juillet 1847, dont le dispositif est ainsi conçu :

« Le tribunal déclare Alfred Dornier mal fondé dans ses conclu-» sions principales tendantes à ce que la licitation de tous les im-» meubles composant la succession soit ordonnée ; — homologue le » procès-verbal des experts ; — ordonne que chacun des lots sera » composé de la manière indiquée dans la seconde partie dudit pro-» cès-verbal, intitulé : *Partage des biens par zônes* ; ordonne que le » tirage au sort aura lieu devant le juge commissaire précédemment » commis, pour un des lots arriver à chacun des enfants Dornier ;

» Dit, en conséquence, que le premier lot, composé de la manière » indiquée audit rapport, sera fixé à la valeur de 399,978 fr. 56 c. ; » à charge, par celui qui obtiendra ce lot, de payer, savoir: au » 3e lot 19,142 fr. 83 c., etc. »

(Suit le détail de la composition de chacun des lots, qui, au moyen de soultes à payer ou à recevoir, se trouve fixé à la somme nette de 337,347 fr. 29 c.)

« Dit que les soultes seront payées par le rapport qui en sera » fait par ceux qui les devront à ceux qui y auront droit, *dans le* » *compte de liquidation à régler entre les héritiers*, et qu'elles porte-» ront intérêt à raison de 4 0/0, à compter du jour du tirage des » lots;

» Déclare que chaque héritier prélèvera *sur la masse mobilière* la » valeur des coupes faites dans chaque forêt et exploitées dans son » lot, pour l'exercice de 1845 à 1846, et pour celui de 1846 à 1847, » suivant les produits constatés par les livres du régisseur-général, » tenus à l'usine de Pesmes, avec intérêt à 4 0/0, à compter du » 1er mai 1847, pour le premier exercice, et 1er mai 1848, pour le » second; et que le même prélèvement sera fait pour le pré de » Moutot contenu dans le 5e lot, pour les récoltes de 1846 et 1847,

» également avec intérêts à 4 0/0, à compter du 1er mai suivant la
» récolte;

» Déclare que celui des héritiers qui recevra le 1er lot, comprenant
» le bois du *Saint*, sera tenu de payer, à titre de soulte, à chacun
» des co héritiers, le neuvième de la somme de 36,000 fr., c'est-à-
» dire celle de 4,000 fr. pour la valeur des mines ; — que celui qui
» recevra le 4e lot, comprenant le bois de la *Fiole sur Venere*, sera
» tenu de payer, pour les mêmes causes, à titre de soulte, à chaque
» héritier, le neuvième de la somme de 56,000 fr., c'est-à-dire celle
» de 6,222 fr. 22 c. ; — et que celui qui recevra le 3e lot, compre-
» nant le bois de la *Brosse sur Valay*, sera tenu de payer, pour les
» mêmes causes, à chaque héritier, le neuvième de la somme de
» 23,000 fr., c'est-à-dire celle de 2,555 fr. 55 c. »

Pour l'intelligence de cette dernière disposition du jugement, il
convient de remarquer, qu'à l'égard des divers bois qui s'y trouvent
désignés, comme pour les autres immeubles héréditaires, les experts
s'étaient bornés à apprécier la valeur du sol et de la superficie, dans
l'ignorance des richesses minérales qu'ils contenaient; que par suite
d'une telle manière de procéder, les héritiers auxquels seraient échus
les lots comprenant les bois dont il s'agit auraient seuls profité du
minerai qui y était contenu ; de sorte que pour maintenir le principe
d'égalité entre les héritiers, le tribunal, raisonnant ici par une juste
analogie, comme si un actif quelconque dépendant de la succession
se trouvait omis dans le partage, et afin de ne pas modifier les bases
d'après lesquelles les lots se trouvaient déjà formés, avait chargé les
experts d'aprécier la valeur du minerai que pouvait contenir chaque
partie de bois, déduction faite de tous frais d'extraction, afin de partager le montant de l'estimation entre tous les héritiers.

En vertu de ce jugement, il fut procédé au tirage au sort des lots,
par le magistrat commis.

Toutefois, l'indivision existait encore, relativement aux bois de
Boncourt et du *Bouchot*, dans lesquels existaient aussi des masses de
minerai inégalement réparties sur plusieurs points.

Le tribunal avait pensé qu'il serait facile d'établir un nombre de lots égal à celui des copartageants, et d'une valeur à peu près semblable, en divisant ces bois en deux zônes parallèles, dans chacune desquelles on formerait neuf lots; de sorte que par la réunion de deux parcelles prises dans l'une et dans l'autre zône, on parviendrait à former neuf lots, qu'il serait facile d'égaliser au moyen d'une légère soulte.

Mais les experts, après avoir exploré les lieux avec soin, reconnurent qu'ils ne pouvaient arriver à un résultat satisfaisant, en se conformant littéralement aux prescriptions du tribunal.

Ils jugèrent plus convenable de diviser ces bois en vingt-deux parties, au lieu de dix-huit, afin de composer des lots à peu près égaux, par la réunion de deux ou trois de ces parties.

Leur travail ayant été déposé au greffe, le sieur Alfred Dornier pensa que l'expédient auquel les experts avaient été obligés d'avoir recours, et l'impossibilité dans laquelle ils s'étaient trouvés d'accomplir la mission dont ils avaient été chargés, devaient faire supposer que ces immeubles étaient réellement impartageables; en conséquence, il demandait au tribunal de les comprendre parmi ceux dont il avait ordonné la vente sur licitation.

Mais le tribunal ne crut pas devoir accueillir un tel système. Par un jugement du 12 novembre 1847, il homologua le procès-verbal des experts, fixa la valeur totale des deux bois, y compris le minerai, à la somme de 666,939 fr., et celle de chaque lot à la somme de 74,104 fr.; adoptant à cet égard les chiffres indiqués au procès-verbal d'expertise.

Immédiatement le tribunal procéda lui-même au tirage des lots, afin d'éviter aux parties les lenteurs et les frais du renvoi devant le juge-commissaire pour cette opération, qui pouvait être aussi régulièrement faite à l'audience.

Par l'exécution des deux jugements du 2 juillet et du 12 novembre 1847, les enfants Dornier se trouvèrent immédiatement remplis de leur part héréditaire dans tous les immeubles de la succession qui devaient être l'objet d'un partage en nature.

Il ne restait plus qu'à procéder à une liquidation mobilière, qui aurait pour objet le prix des usines et accessoires dont la vente avait été ordonnée ; le règlement des soultes mises à la charge de certains lots, par les deux partages successifs ; celui des coupes de bois et du produit des récoltes, auxquels plusieurs des héritiers avaient droit ; enfin la composition définitive de l'actif mobilier à répartir entre tous les héritiers, au moyen des prélèvements que quelques-uns pouvaient avoir à effectuer, ainsi que des rapports que plusieurs autres avaient à faire à la masse.

Un jugement, sous la date du 1er juillet 1850, fixa les mises à prix sur lesquelles les diverses adjudications devaient être faites, et renvoya au 28 du même mois pour y procéder. Les mises à prix n'ayant été acceptées par aucun enchérisseur, l'adjudication dut être renvoyée à un autre jour et sur des mises à prix inférieures.

A l'audience spéciale des criées, tenue par le président du tribunal, au jour indiqué, les hauts-fourneaux, forges, maisons et bois non partagés furent adjugés en six lots.

Le notaire commis par la justice a ouvert le procès-verbal de liquidation et de partage qui doit clore les opérations de cette importante succession. Les premiers éléments de son travail se trouvent fixés d'avance par les jugements dont nous venons de rendre compte.

Mais il est un point capital qui n'a encore donné lieu à aucune discussion sérieuse, et sur lequel le tribunal de Gray sera nécessairement appelé à prononcer; puisque, d'une part, les tentatives faites par l'exposant pour arriver à un arrangement amiable ont été sans résultat ; et que, d'autre part, le notaire commis n'aurait pas lui-même qualité pour résoudre des questions aussi graves.

Nous voulons parler de la validité des actes de donation par lesquels des immeubles importants, appartenant à la mère commune, seraient devenus la propriété exclusive de quelques uns de ses enfants.

Nous voulons parler aussi des sommes plus ou moins considérables que plusieurs des héritiers ont reçues à des titres divers, et qui doivent être l'objet d'un rapport à la masse.

Aucune controverse ne saurait s'engager sur le principe en lui-même, puisqu'il est formellement consacré par les articles 843 et 854 du Code civil.

Des difficultés ne peuvent s'élever, relativement à quelques uns des héritiers, que sur la quotité des sommes qui doivent être l'objet du rapport.

A cet égard, M. Alfred Dornier présentera loyalement à la justice les documents qu'il a pu recueillir, dans un examen rapide des livres, écritures et notes inventoriés. Le tribunal aura à prescrire dans sa sagesse les mesures qui lui sembleront les plus propres à compléter ces documents. Des magistrats éclairés et consciencieux ne négligent aucun moyen de chercher la vérité, qui donne une base inébranlable à leurs décisions.

Sans doute, M. Alfred Dornier aurait pu concerter son attaque avec plusieurs de ses cohéritiers, dont les intérêts se trouvent lésés comme les siens; mais on n'a pas besoin d'auxiliaires pour faire triompher une cause favorable et juste; pour faire appliquer *au profit de tous* le principe d'égalité entre héritiers, que *quelques uns* s'obstineraient en vain à méconnaître.

Dès l'introduction du débat judiciaire, l'exposant n'a pas craint d'engager seul la demande en liquidation et partage qui avait été formée à la requête du créancier de l'un des héritiers. Dans son opinion, il n'était pas convenable que des opérations de cette importance fussent suivies par un étranger, comme s'il s'agissait d'une de ces successions obérées, dans lesquelles la prudence commande aux héritiers de s'abstenir.

Ce qu'il a cru devoir faire alors, il le fera encore aujourd'hui. S'il agit seul, c'est dans l'intérêt de tous. Peut-être quelques uns de ses cohéritiers reconnaîtront-ils plus tard qu'ils ne doivent pas se réduire au rôle de simples spectateurs, dans un débat judiciaire qui doit leur profiter comme à lui.

S'il qualifie certains actes et certains faits d'une manière sévère.

c'est parce que des questions de loyauté et de bonne foi ne peuvent être traitées avec le même calme que des points de droit ; l'expression doit être toujours appropriée à la pensée ; et il est difficile d'employer des termes d'une politesse irréprochable quand on attaque des actes, comme infectés de fraude et de simulation.

Ce mémoire sera divisé en trois parties. Dans la première, on établira qu'il y a lieu d'annuler la donation entre vifs, à titre de préciput et hors part, que M. Dornier puîné s'est fait consentir par la mère commune, des bois de Dampierre, ainsi que l'acte de cession de l'usufruit que Mme Dornier s'était réservé sur ces bois.

La seconde partie sera consacrée à l'examen de deux actes qui contiennent aussi des libéralités en faveur d'Auguste Dornier, à titre de préciput et hors part, savoir : la donation d'une maison et de vignes, provenant des époux Rossigneux ; et celle d'une somme de 30,000 fr. faite dans son contrat de mariage.

Enfin, dans la troisième partie, on composera la masse des rapports auxquels chacun des héritiers est tenu, en distinguant ceux qui peuvent être justifiés par des actes ou par des énonciations consignées sur les livres, et ceux qui doivent résulter des certains faits dont on aura à compléter la preuve.

PREMIÈRE PARTIE.

Examen des actes consentis par Mme Dornier en faveur de son fils puîné, Alexandre Dornier, dit Fanfinet. — Donation. à titre de préciput, des bois de Dampierre. — Cession de l'usufruit de ces bois.

Pour faire prononcer l'annulation de divers actes surpris à la faiblesse de la mère commune, on invoque les mêmes moyens, en fait et en droit.

Aussi, pour éviter des répétitions inutiles, nous avons cru devoir présenter dans cette première partie de notre travail, l'ensemble des faits tendant à faire connaître la position de fortune de Mme Dornier, ainsi que son état physique et moral , dans l'intervalle de 1827 à 1833, pendant lequel se sont accomplis les divers actes dont la nullité est demandée.

Il nous a paru convenable aussi, mais sans leur donner les développements dont ils seraient susceptibles, d'y indiquer les divers moyens de droit que le tribunal aurait à appliquer.

La question la plus importante à décider est celle-ci :

Est-on recevable et bien fondé à faire rapporter à la masse les bois de Dampierre, dont Mme Dornier aurait disposé en faveur de son fils puîné, Bernard-Alexandre-François-Xavier (surnommé *Fanfan* ou *Fanfinet*), aux termes d'un acte de donation entre vifs, et par préciput, sous la date du 16 juin 1828?

§ Ier.

Il ne saurait être question d'une fin de non recevoir qu'on voudrait faire résulter contre une telle demande du long espace de temps qui s'est écoulé depuis l'acte de donation.

Les enfants Dornier, en effectuant le partage des biens qui existaient en nature dans la succession de leur mère, ont fait les réserves les plus expresses au sujet des rapports dont quelques uns d'entre eux pourraient être tenus ; le jugement du 22 juillet 1846 contient lui-même de telles réserves. Or, la question de savoir s'il y a lieu à ordonner le rapport d'objets mobiliers ou immobiliers dont la transmission avait été faite par l'auteur commun à l'un des successibles, en vertu d'un acte authentique ou sous seing-privé, se lie nécessairement à l'appréciation du mérite de cet acte.

Dès lors, à moins de considérer comme complétement illusoires les réserves d'ailleurs si naturelles et si justes consignées dans l'acte de partage, ainsi que dans le jugement du 22 juillet 1846, on ne peut contester sérieusement aux héritiers qui n'ont reçu qu'une partie de ce qui leur revient, en vertu de cet acte, le droit d'examiner si quelques uns des autres se trouvent légalement saisis de sommes ou valeurs plus ou moins importantes ayant fait partie du patrimoine de l'auteur commun.

Ajoutons, qu'outre la réserve relative aux rapports, il y a eu, dès le début de l'instance en partage, une manifestation judiciaire, de la part de l'exposant, de son intention d'attaquer la donation du 16 juin 1828, puisqu'il demandait au tribunal de mettre sous le séquestre les biens qui étaient l'objet de cette donation.

Vainement invoquerait-on l'art. 1304 du Code civil, d'après lequel l'action en nullité se prescrit au bout de dix ans, pour en tirer la conséquence que la donation entre vifs, au profit de M. Dornier puîné, remontant à 22 ou 23 ans, elle est aujourd'hui inattaquable.

Soit que l'on se reporte au texte de cet article ou à la rubrique de la section sous laquelle il est placé, on ne peut s'empêcher de reconnaître qu'il ne s'agit ici que de l'action en nullité ou en rescision *des conventions*, et qu'un acte de libéralité, une donation entre vifs présente un caractère bien différent, de sorte qu'on ne peut appliquer à ce dernier acte les dispositions législatives qui régissent des actes d'une tout autre nature.

D'ailleurs, en fait, même dans l'hypothèse où la prescription de dix ans pourrait être invoquée dans l'espèce, elle ne serait pas encore accomplie.

Ce n'est qu'après le décès du donateur, que ses héritiers ont qualité pour attaquer la validité d'un acte arraché à sa faiblesse ; or, même en ne prenant en considération que la demande aujourd'hui formée, il ne s'est écoulé que sept années depuis la mort de Mme Dornier.

Il faut recourir aux règles générales que le code consacre en matière de prescription, et ces règles se trouvent dans les articles 2262 et 2264.

D'après le premier de ces articles, toutes les actions, tant réelles que personnelles, sont prescrites par trente ans, sans que celui qui allègue cette prescription soit obligé d'en rapporter le titre, ou qu'on puisse lui opposer l'exception déduite de la mauvaise foi.

L'article 2264 dispose en ces termes : « Les règles de la prescription sur d'autres objets que ceux mentionnés dans le présent titre, sont expliquées dans les titres qui leur sont propres. »

Que conclure du rapprochement de ces deux articles ?

C'est que le chapitre 4, titre 2, livre 3 du Code civil : *Des donations entre vifs*, ne contenant aucune disposition spéciale sur le délai dans lequel doivent être intentées les actions dont le but est d'en faire prononcer l'annulation, il faut nécessairement s'en référer à la règle générale d'après laquelle, à moins d'une exception formelle, toutes les actions se prescrivent par trente ans.

C'est avec aussi peu d'avantage qu'on voudrait argumenter dans l'espèce de l'art. 2265, aux termes duquel « celui qui acquiert de *bonne foi* et par juste titre, un immeuble, en prescrit la propriété par dix ans. »

Assurément les faits imputés au donataire, et dont la plupart se trouvent prouvés d'avance, ne permettent pas de croire à sa *bonne foi;* et l'on ne pourrait sérieusement considérer comme un *juste titre* l'acte qu'il a arraché par obsession à une femme plus que septuagénaire, dont l'âge et les infirmités avaient affaibli l'intelligence et paralysé la volonté; l'acte contre lequel elle a protesté dans des moments lucides ; l'acte dont le sieur Dornier puîné reconnaissait lui-même le vice, en offrant de restituer à ses frères une partie de la valeur de l'immeuble qui était l'objet de la donation.

Il convient de présenter sur ce point une dernière considération.

De quoi s'agit-il en réalité dans l'espèce ? de compléter entre des enfants un partage qui n'a compris jusqu'à présent que les biens existants en nature dans la succession de leur mère; de former une nouvelle masse de ce que plusieurs d'entre eux ont reçu directement ou indirectement de leur auteur commun; en un mot, de composer, au moyen des rapports à effectuer, un autre actif héréditaire qu'il faut partager entre eux, comme le premier.

Or, l'égalité et la bonne foi doivent toujours présider à des actes de cette nature; les subtilités du droit, les fins de non recevoir ne sauraient être accueillies avec la moindre faveur, quand il s'agit, en résultat, de faire une part égale à tous ceux dont les droits sont les mêmes.

Sans doute, si, dans les limites de la loi, et usant du droit qu'elle lui accorde, le père ou la mère de famille a disposé spontanément d'une partie de sa fortune, à titre de préciput, ou hors part, en faveur d'un des enfants, tous les autres doivent respecter une telle disposition, parce que la volonté du testateur est une loi pour ses héritiers, d'après la belle expression d'un jurisconsulte romain.

Mais lorsqu'une telle volonté n'apparaît pas ; lorsqu'on articule avec offre de preuve, ou plutôt, lorsqu'on prouve d'avance, que l'acte entre vifs on testamentaire par lequel l'un des enfants se trouve avantagé au détriment des autres, est le résultat de la suggestion et de la captation ; quand on peut, en quelque sorte, montrer l'héritier avide se substituant à l'auteur présumé de la disposition ; si bien que celui-ci n'a été que l'instrument aveugle d'une volonté qui n'était pas la sienne ; lorsqu'avant et après il avait manifesté l'intention de faire une part égale de ses biens à chacun de ses enfants.... la fiction doit s'évanouir en présence de la vérité ; et sans tenir aucun compte du titre que l'un des héritiers s'était pour ainsi dire fait à lui-même, il faut revenir à ce principe d'égalité que la nature et la raison consacrent dans les partages de famille, et auquel le législateur n'a permis de porter accidentellement atteinte que par respect pour le droit de propriété.

C'en est assez sans doute sur les fins de non-recevoir ou exceptions que l'on pourrait être tenté d'invoquer dans la cause. Il s'agit maintenant de justifier au fond les conclusions du demandeur, pour faire rapporter à la masse les bois de Dampierre compris dans la donation entre vifs en faveur du sieur Dornier puîné.

§ II.

Avant d'entrer dans le développement des divers moyens qui doivent faire accueillir ces conclusions, il convient de préciser quelques faits et quelques dates.

Mme Dornier était devenue veuve en 1808 ; elle administrait alors une immense fortune immobilière et industrielle.

3

On peut s'en faire une juste idée par quelques chiffres irrécusables.

La part de chacun des douze enfants issus du mariage, dans les immeubles dépendant de la succession de leur père, avait été liquidée à 160,000 fr., représentant au moins 8,000 fr. de revenu annuel.

Six de ces enfants étaient mineurs et n'ont atteint leur majorité, en moyenne, qu'après un intervalle de treize ans; de telle sorte, qu'en vertu de sa jouissance légale, Mme Dornier avait touché, du chef de ses enfants, un revenu annuel de 48,000 fr., ce qui donne, pour treize ans, une somme totale de 624,000 fr.

D'après les livres, le prix annuel du fermage des immeubles et des usines, autres que celle de Pesmes, dont Mme Dornier s'était réservé l'exploitation, s'élevait à la somme de 42,000 fr.; elle a joui de ce revenu, depuis 1808 jusqu'en 1832; de sorte que dans cet espace de vingt-quatre ans, elle a encaissé pour fermages une somme de 1,020,000 fr.

Enfin, dans le même intervalle, les coupes de bois ont donné annuellement, en moyenne, une somme de 28,000 fr., ce qui, pour 24 années, présente la somme totale de 672,000 fr.

En réunissant ces trois chiffres, on arrive au capital énorme de 2,376,000 fr.

On n'a pas compris dans ce calcul les produits considérables de l'usine de Pesmes, qui, d'après les livres, suffisaient, et au-delà, pour faire face aux dépenses de toute nature.

Qu'a-t-on retrouvé, lors de l'inventaire dressé en 1833?

Une somme de . . . . 12,000 »
cachée sous du linge sale.

De plus, une somme de. . . . . 75,000 »
par elle remise quelque temps auparavant à M. Dufournel et à Mme Dravon.

Enfin. . . . . 41,500 »
dont M. Joseph Dornier s'était chargé à titre de dépôt.

Ainsi en tout   128,500 »

au lieu de 2,376,000 fr.

Ajoutons qu'il résulte de l'inventaire dressé en 1833, dans le cours de la demande en interdiction, qu'à cette époque Mme Dornier devait à ses banquiers environ 300,000 fr.

Plusieurs circonstances concourent à expliquer la disparition d'un capital aussi important, dans l'intervalle de cinq ou six années; il convient de les indiquer en peu de mots.

L'accident grave éprouvé par Mme Dornier, au mois de mai 1827, exerça une cruelle influence sur ses facultés intellectuelles, plus encore que sur ses forces physiques. On s'aperçut, dès cette époque, qu'elle avait perdu complétement la mémoire. Cette activité et cette intelligence qu'elle avait jusqu'alors montrées dans l'administration de ses affaires cessèrent tout-à-coup. Bientôt on put reconnaître les déplorables conséquences qu'entraîne l'absence de toute direction, dans un ensemble d'affaires dont une surveillance active et éclairée avait jusqu'alors assuré le succès.

Les écritures, confiées successivement à plusieurs commis, présentent le plus grand désordre, particulièrement en ce qui concerne le compte particulier de Mme Dornier, qui devait comprendre toutes les sommes par elle touchées sur ses revenus personnels. On n'y voit pas figurer en recette des sommes considérables qui avaient dû nécessairement entrer en caisse, puisqu'il s'agissait du produit des baux ou des coupes annuelles de bois; le solde actif d'un de ces comptes s'élevant à 374,197 fr. 89 c. n'est pas reporté au compte qui en fait la suite, de sorte qu'on ne sait ce qu'est devenu un capital de cette importance; enfin, une valeur de 105,000 fr. en billets disparaît du portefeuille.

Un fait plus grave encore, c'est la lacération de vingt feuillets dans un des registres.

Dans de telles circonstances, tout le monde devait reconnaître que Mme Dornier était dans l'impossibilité absolue d'administrer sa personne et ses biens. Quelques-uns des enfants se déterminèrent enfin à provoquer son interdiction; mais c'est trop tard qu'on sollicita une mesure nécessitée par l'intérêt de Mme Dornier elle-même et de sa famille. Dans l'intervalle de 1827 à 1833, quelques-uns des enfants s'étaient fait d'avance une large part dans le patrimoine de la mère commune.

D'après les renseignements incomplets qu'on a puisés dans les livres, les valeurs que plusieurs des enfants se sont fait attribuer en argent, en billets ou en immeubles, dépassent le chiffre d'*un million*. Il y a lieu d'espérer qu'à l'égard de plusieurs d'entre eux, on ne trouvera aucun obstacle à l'application du principe qui oblige tout successible à rapporter à la masse ce qu'il a reçu directement ou indirectement du défunt. Les sommes ou valeurs dont la mère de famille a disposé par anticipation à leur profit se trouvent constatées soit par des actes, soit par les livres dont ils ne récusent pas le témoignage ; encore une fois, il ne s'agit à leur égard que de régulariser une situation dont aucun d'eux ne veut sans doute abuser.

Plus tard, on présentera un tableau général de cette situation, qui comprendra tous les membres de la famille.

L'un d'eux (M. Dornier puîné, dit Fanfinet) se trouve dans une position toute exceptionnelle ; car, au moyen des stipulations de l'acte par lequel il s'est fait transporter par sa mère la propriété d'un immeuble important, il a manifesté la prétention d'être dispensé d'en effectuer le rapport.

C'est donc un adversaire qu'on a à combattre parmi les membres de la famille. Un débat judiciaire entre des frères est surtout pénible, quand on est forcé de recourir à des moyens dont la discussion entraîne toujours quelque scandale.

On doit le répéter ici : longtemps et jusqu'au dernier moment, le demandeur a eu l'espoir qu'un arrangement amiable ramènerait la bonne harmonie dans la famille. L'intervention d'arbitres conciliateurs était surtout à désirer par celui qui avait à redouter l'éclat d'une publicité fâcheuse. Cette intervention a été repoussée ; le moment est enfin arrivé d'obtenir justice contre celui qui n'a pas voulu se la rendre à lui-même.

§ III.

Le 5 octobre 1820, le sieur Dornier puîné avait vendu à sa mère les bois de Dampierre en six massifs contenant ensemble 402 hectares 70 ares.

Le prix de cette vente lui avait été complétement payé, dans les termes stipulés au contrat.

Depuis longtemps le sieur Dornier nourrissait la pensée de rentrer dans cette propriété importante, sans bourse délier.

Il n'y avait qu'un moyen certain d'atteindre ce but, c'était d'obtenir de sa mère une donation, *par préciput et hors part*, des bois de Dampierre.

La réalisation d'un tel projet eût présenté des difficultés insurmontables, quand la mère de famille jouissait de toutes ses facultés ; d'un côté, parce qu'elle avait toujours manifesté l'intention de ne favoriser aucun de ses enfants au détriment des autres ; d'un autre côté, parce qu'elle était loin d'avoir une affection particulière pour son fils puîné, dont elle avait souvent blâmé la conduite, ainsi que le prouve sa correspondance avec lui.

Ce fut le 16 juin 1828, lorsque sa mère était encore alitée, par suite de l'accident grave qu'elle avait éprouvé un an auparavant ; lorsqu'elle avait perdu complétement la mémoire et était incapable d'avoir une volonté, que le sieur Dornier se rendit mystérieusement à Pesmes, accompagné d'un notaire ; et qu'avec l'assistance de deux ouvriers, appelés comme témoins, il se fit consentir la **donation**, *à titre de préciput et hors part*, des bois de Dampierre.

§ IV.

Cet acte est-il sérieux et valable? Telle est la question à décider.

Pour la résoudre négativement, il suffit de poser quelques principes généraux, en matière de donation entre vifs, et d'en faire l'application à la situation particulière dans laquelle se trouvaient la donatrice ainsi que le donataire, au mois de juin 1828.

« Pour faire une donation entre vifs ou un testament, *il faut être sain d'esprit,* » est-il dit dans l'art. 901 du Code civil.

Quelle a été la pensée du législateur en posant une telle règle?

Il s'agit de l'un des actes les plus importants de la vie civile. D'une part, c'est la donation entre vifs, par laquelle le disposant se dessaisit irrévocablement d'une partie de sa fortune ; d'autre part, c'est le testament qui assure la transmission du droit de propriété, même après le décès de celui qui en était investi, et qui souvent a pour effet de modifier l'ordre légal des successions.

Des actes de cette importance ne peuvent puiser leur autorité que dans la volonté libre, éclairée et indépendante de leurs auteurs.

On sait quels sont les obstacles ordinaires à la manifestation et à l'exercice d'une telle volonté. Les uns résultent de la situation parculière du disposant ; les autres, de l'influence plus ou moins active, plus ou moins blâmable, qu'a pu exercer sur son esprit celui qui doit profiter de la disposition.

Il n'y a pas de volonté, aux yeux de la loi, de la part de celui qui n'est pas sain d'esprit ; car l'homme dont les facultés intellectuelles sont paralysées ou notoirement affaiblies, est incapable de ce discernement qui permet d'apprécier le caractère et la portée d'un fait ou d'un acte. Au lieu de la raison, c'est une sorte d'instinct qui le guide ; et, hors du cercle de ses besoins matériels, il agit au hasard plutôt que par l'impulsion de cette volonté, qui est comme la mise en œuvre de la faculté de comparer et de juger.

Une telle volonté n'existe pas non plus, avec cette spontanéité et cette indépendance qui en font toute l'autorité, lorsque, par des suggestions plus ou moins perfides, par une persistance que rien ne décourage, on amène quelqu'un à faire toute autre chose que ce qu'il voulait. Dans ce cas, la volonté de l'auteur de l'acte s'est trouvée en quelque sorte absorbée par la volonté de celui qui doit en profiter. On peut dire que c'est le donataire qui a fait lui-même la donation qui doit dépouiller le donateur ; et la justice comme la raison répugnent à ce qu'il ait pu se faire à lui-même un titre valable.

Sans doute, dans des circonstances ordinaires, on devra exiger que les faits de suggestion et de captation soient bien caractérisés; car par cela même que la volonté de l'homme intelligent et libre est une puissance, elle ne doit céder qu'à une puissance supérieure, à un de ces entraînements auxquels les hommes les plus forts ne sauraient résister.

S'il s'agit, au contraire, de l'un de ces êtres mal organisés, ou dont les facultés se trouvent affaiblies par l'âge ou les maladies, à tel point qu'on les suppose incapables d'avoir par eux-mêmes une volonté prononcée, l'homme adroit et cupide en triomphe sans peine; et comme, dans l'ordre physique, on a besoin de peu de force quand on trouve peu de résistance, dans l'ordre intellectuel et moral, il suffit d'une habileté ordinaire pour imposer la loi à celui qui est incapable de résister et de se défendre.

C'est dans cette situation respective que s'est engagée la lutte entre la mère de famille et le fils qui voulait s'assurer d'avance une partie de sa fortune. Ici nous ne devons présenter que des faits incontestables par leur notoriété, ou qui se trouvent judiciairement prouvés.

§ V.

Nous avons parlé de l'accident grave qu'éprouva Mme Dornier au mois de mai 1827. Sa vie fut longtemps en danger, par suite de l'opération longue et douloureuse que nécessita la fracture de sa cuisse. Chez une personne âgée, on le sait, l'altération de la santé est presque toujours accompagnée de l'affaiblissement de l'intelligence. Obligée de garder le lit pendant longtemps, Mme Dornier perdit complétement la mémoire et ne fut plus en état de surveiller la direction de ses affaires.

A partir de cette époque, le désordre commença à s'introduire dans les écritures et dans les livres; des comptes, jusqu'alors distincts, furent confondus; des sommes considérables disparurent, sans qu'il soit possible d'en retrouver la trace ; en un mot, lorsqu'on essaie de fixer soit la situation de l'usine de Pesmes, soit la situation particulière de Mme Dornier elle-même, d'après les sommes considérables qu'elle devait recevoir tous les ans, il est facile de reconnaître que la direction d'hommes inintelligents, et peut-être aussi de mauvaise foi, avait remplacé la direction sage et habile du chef de famille.

On espéra pendant quelque temps que le rétablissement de la santé de Mme Dornier amènerait une amélioration dans son état moral ; mais une réaction de cette nature s'opère rarement chez un vieillard plus que septuagénaire. Loin de là, l'affaiblissement des facultés intellectuelles ne peut que s'accroître avec l'âge, puisque la sénilité elle-même est toujours accompagnée de la perte de la mémoire et de la faiblesse d'esprit, chez les personnes les plus fortement constituées.

Convaincus qu'il était dans l'intérêt de leur mère et belle-mère, autant que dans celui de sa nombreuse famille, de faire prononcer son interdiction, trois des fils et deux des gendres de Mme Dornier présentèrent à cet effet une requête au tribunal de Gray, le 5 mai 1833. Il convient de remarquer qu'on ne trouve parmi les signataires de cette requête, ni M. Alexandre ni M. Auguste Dornier, qui étaient sur les lieux et devaient connaître mieux que les autres membres de la famille la situation mentale de leur mère.

Mais leur abstention s'explique d'une manière toute naturelle. Ils n'ignoraient pas que l'interdiction rétroagit quelquefois dans ses effets ; et l'un et l'autre avaient intérêt à ce qu'on ne pût contester la validité des actes qui avaient été faits en leur faveur, à une époque justement suspecte.

Quoi qu'il en soit, il est utile de reproduire ici quelques passages de la requête en interdiction, afin d'établir que c'était surtout pour des faits anciens, et parce que la prolongation d'un état aussi déplorable ne permettait plus d'en espérer l'amélioration, que plusieurs enfants de Mme Dornier s'étaient déterminés à provoquer son interdiction.

« . . . . . Les sieurs Louis-Philippe Dornier, etc., ont l'honneur de vous exposer que leur mère et belle-mère, propriétaire des forges de Pesmes, où elle demeure, est tellement privée de mémoire et de ses facultés intellectuelles, qu'elle est dans l'impossibilité d'administrer sa personne et de régir ses affaires et ses biens.

» La faiblesse de ses organes s'est fait remarquer *depuis un assez grand nombre d'années.* Les exposants espéraient d'abord qu'elle se rétablirait, de manière à pouvoir administrer ses affaires ; mais ils se sont trompés dans leur attente ; *et son état, loin de s'améliorer, n'a fait qu'empirer depuis cette époque. L'âge et les accidents n'ont pas peu contribué sans doute au dérangement total de ses facultés.*

» . . . . . Les opérations onéreuses qu'elle a déjà faites et qu'elle est exposée à faire à chaque instant ; enfin les sommes notables qui ont disparu et qui disparaissent chaque jour, sans qu'elle puisse en rendre compte ni en indiquer la source, ont mis les exposants dans la triste nécessité de se pourvoir, pour faire prononcer judiciairement son interdiction.

» Les faits dont on va rendre compte et qu'on aurait pu multiplier, quoique Mme Dornier vive depuis longtemps éloignée de la société, suffiront pour faire connaître l'état moral dans lequel elle se trouve.

» Mme Dornier, depuis assez longtemps, est tellement dépourvue de mémoire, qu'elle fait aux personnes qui l'approchent continuellement, les mêmes questions, bien qu'elles y aient répondu plusieurs fois. C'est ainsi que M. Dufournel s'étant trouvé à dîner chez elle, quelque temps après la mort de sa femme, Mme Dornier lui demanda comment se portait Mme Dufournel. M. Dufournel lui répondit qu'il avait eu le malheur de la perdre. Mais un instant après elle renouvela la même question, qui fut par elle tant de fois répétée, sans même qu'elle s'aperçût combien elle était pénible pour M. Dufournel, que ce dernier fut obligé de quitter la place qu'il occupait près d'elle. »

Vingt-sept faits, au sujet desquels on invoque le témoignage des personnes les plus honorables, sont articulés dans la requête. Pour qu'on puisse juger de leur gravité, il suffira de citer les suivants :

« 8° Mme Dornier avait depuis longtemps formé une demande pour établir un second fourneau à Pesmes. Cette demande était restée dans les cartons du ministère, et on l'avait entièrement perdue de vue, lorsqu'après la révolution de Juillet, et probablement par suite de la mise au jour d'anciennes affaires, une ordonnance du roi a autorisé la construction de cette usine. Elle raconta, à cette occasion, qu'étant dernièrement à Paris, *par hasard*, elle se promenait au bois de Boulogne ; qu'elle aperçut devant elle le roi, dans une voiture attelée de deux chevaux noirs, et qui étaient plus beaux que les siens ; qu'il descendit de voiture, vint à elle ayant un papier à la main, et lui dit : « Madame Dornier, je sais que vous voulez établir à Pesmes un second fourneau, en voici la permission ; et tout ce que vous me demanderez vous sera accordé. » D'autres fois, elle place à Besançon l'entrevue qu'elle dit avoir eue avec le roi. Ce récit est d'autant plus remarquable, qu'elle n'est pas allée à Paris depuis 1827. Enfin, elle ignore non-seulement la valeur de cette construction, mais aussi le nom de la personne qui en a eu l'entreprise.

» 9° Mme Dornier a conservé dans ses écuries, jusqu'en 1833, trois chevaux qui ne pouvaient plus se tenir sur leurs jambes, à cause de leur âge. Ils étaient suspendus, et elle les faisait nourrir avec beaucoup de soin, prétendant que c'étaient des poulains. On les a fait disparaître depuis, sans qu'elle s'en aperçût.

» 10° Depuis plusieurs années elle ne reconnaît plus ses enfants ; lorsqu'ils se présentent chez elle, ils sont obligés de déclarer leurs noms. Lorsque l'un d'eux s'est présenté, elle lui demande un instant après s'il est Louis, Jean-Baptiste ou Joseph ; enfin, elle lui demande également le lieu de sa résidence.

» 16° Elle se persuade toutes sortes d'extravagances qu'elle se plaît à raconter aux personnes qui l'approchent. Un jour elle dira qu'elle a vu le roi ; une autre la reine, avec laquelle elle a eu une conversation. Une autre fois elle se persuadera que son cocher emporte l'avoine destinée pour les chevaux, ou que l'on passe le pain et la farine par la grille du jardin. C'est ainsi qu'elle prétend *avoir donné la jouissance de ses bois de Dampierre* à M. Alexandre Dornier, son fils, particulièrement dénommé sous le nom de *Fanfinet, parce qu'elle y aurait aperçu un loup.* »

Relativement à l'articulation de ce dernier fait, et abstraction faite du motif bizarre qu'aurait donné Mme Dornier au sujet de la libéralité dont son fils Alexandre avait été l'objet, il convient de remarquer en passant que, dans sa pensée, elle lui aurait donné non la *propriété*, mais la simple jouissance de ses bois de Dampierre.

A la suite de la présentation de cette requête, le tribunal ordonna la convocation du conseil de famille, pour donner son avis sur l'état de Mme Dornier.

En effet, le 15 mai suivant, le conseil de famille se réunit, sous la présidence du juge de paix. — Son avis, à l'unanimité des membres qui le composaient, fut que Mme Dornier n'était pas dans le cas prévu par l'art. 489 du Code civil ; mais que, à cause de son peu de mémoire, de la multiplicité de ses affaires et de la grande administration qu'elle a à gérer, elle a besoin d'un conseil judiciaire pour l'aider dans son administration, ainsi qu'il est prescrit par les articles 499 et 513 du Code civil.

Cette opinion du conseil de famille peut sembler extraordinaire, en présence des faits si graves articulés , avec offre de preuve dans la requête ; mais elle s'explique d'une manière toute naturelle, par la composition même de ce conseil. La ligne paternelle y était représentée par Alexandre Dornier, Auguste-Jean-Baptiste Dornier et le notaire de Pesmes ; et l'on a signalé l'intérêt qu'avaient les deux premiers à ce que l'interdiction ne fût pas prononcée. Quant aux autres membres, c'étaient un cousin maternel, un maître de forges du voisinage et un officier retraité ; de sorte que l'opinion des deux fils avait dû nécessairement entraîner celle des personnes étrangères à la famille.

Le tribunal dut recourir au moyen que la loi lui indiquait, pour éclairer sa religion sur l'état mental de Mme Dornier.

Elle fut interrogée une première fois, le 25 mai 1833, par M. le président du tribunal de Gray, assisté du procureur du roi et du greffier ; une seconde fois, le 3 juin suivant.

Immédiatement après ce nouvel interrogatoire, le tribunal reconnut la nécessité de prendre sans délai la mesure autorisée par la loi, dans le cours d'une poursuite en interdiction ; et par un jugement du lendemain 4 juin, il nomma un administrateur provisoire de la personne et des biens de Mme Dornier.

Les magistrats appelés à prononcer pensèrent, avec raison, que la scission qui s'était opérée dans la famille, au sujet de la mesure grave provoquée contre son chef leur imposait le devoir de bien s'assurer par eux-mêmes si, en effet, cette mesure était indispensable, et pour cela ils crurent devoir interroger Mme Dornier plusieurs fois et à de longs intervalles.

Un dernier interrogatoire eut lieu le *4 avril 1835.*

Il suffira de citer quelques réponses prises au hasard dans les divers procès-verbaux d'interrogatoire qui se trouvent imprimés en entier, pour qu'on puisse se faire une juste opinion du désordre des idées de Mme Dornier.

D. « Avez-vous marié plusieurs de vos enfants ?

R. » Je crois deux ou trois filles. (Cinq des enfants étaient mariés à cette époque.) Je voudrais bien qu'elles vinssent dans la crainte que je me trompe ; il y a bien longtemps que M. Dornier est mort, et Mme de Saint-Julien ne l'a pas quitté pendant sa maladie.

D. » Avez-vous fait des dispositions en faveur de vos enfants qui sont mariés ?

R. » Non, je n'en ai pas fait ; je ne m'en souviens pas. (Elle venait de donner 30,000 fr. à Auguste, par préciput, dans son contrat de mariage.) Ils vous le diront mieux que moi. J'avais deux sœurs, mais plus âgées que moi ; je les connaissais à peine, parce qu'elles étaient les maîtresses. Mes frères m'aimaient beaucoup. Mon frère dirait mieux cela que moi.

D. » Combien avez-vous de commis pour faire valoir votre usine ?

R. » Attendez..... J'en ai eu deux, puis mon teneur de livres ; oui, cela fait trois et un commis de bois. Ces messieurs vous diraient cela mieux que moi ; car je connais peu les détails de ma maison, depuis ma chute ; quelquefois la tête me tourne ; je suis restée cinq ans sans sortir du lit.

D. » Combien avez-vous de gendres ?

R. » J'en ai deux, trois ou quatre : M. Gravier, dont en voilà un qui est là ; M. Camille ; un autre, M. Gravier, en voilà trois, et le quatrième... Je ne sais pas, ma foi, combien j'en ai ; mon frère saurait mieux cela ; il y en a un dont la femme est morte, et celui qui est ici, vous l'avez peut-être connu.

D. » N'avez-vous pas donné à M. Fanfan, c'est ainsi que vous appelez celui de vos fils qui est à Dampierre, des.....

R. » Oui, monsieur, j'entends ce que vous voulez dire ; je lui ai *donné* mes bois, ou plutôt je les lui ai *vendus.* Voilà comment cela s'est passé : Il m'a dit : J'ai un fourneau à Dampierre. Je lui ai répondu : J'entends bien ce que tu veux dire, et il te faut des bois ; et je lui ai donné les miens.

D. » Les avez-vous donnés ou vendus ?

R. » Je ne sais pas ; je crois que je les ai encore. Je me suis repentie de les lui avoir donnés. C'était celui de mes fils qui avait le plus d'attention pour moi ; et une mère doit dédommager celui de ses enfants qui lui donne le plus de soins. Je lui avais dit de venir ici ; j'aurais voulu qu'il vînt.

D. » Combien avez-vous en tout d'arpents de bois ?

R. » Je ne pourrais vous le dire qu'en voyant mes livres. J'en ai beaucoup acheté, depuis que je suis veuve. J'en ai plus que M. Dornier en avait de son vivant. Ainsi je n'ai pas mangé le bien de mes enfants ainsi qu'ils le disent. (*Puis avec force.*) C'est ce que disent tous ceux qui me connaissent : on n'a qu'à voir ce que vous avez fait ; vous n'avez pas mangé leur bien. J'ai bâti un fourneau ici ; l'idée m'en est venue étant à Paris, il y a trois ans. J'étais avec quelqu'un qui m'a demandé : En avez-vous bien envie ? J'ai répondu : Oui, monsieur. Et cette personne a répliqué : Eh bien, vous pourrez le bâtir où vous voudrez. C'était le roi d'aujourd'hui... Il est heureux que je n'aie pas besoin de mes enfants ; c'est pour moi le plus grand bien. »

A la suite de ces nombreux interrogatoires, dont l'un n'avait eu lieu que deux ans après la demande en interdiction, il ne pouvait rester le moindre doute dans l'esprit du tribunal sur l'altération grave, persistante et invétérée des facultés intellectuelles de Mme Dornier : aussi prononça-t-il son interdiction, par un jugement du 1er juillet 1835, qui présente le tableau le plus fidèle de sa fâcheuse position.

« Considérant (y est-il dit) que des interrogatoires subis par Mme Dornier à différentes époques et à des intervalles éloignés l'un de l'autre, même de plus de deux ans, il résulte qu'elle ne connaît ni le nombre, ni les noms, ni les domiciles, ni l'état et la position de famille de ses enfants ; qu'elle ignore l'époque de son mariage, celle du décès de son mari, le nombre d'années qu'elle a vécu avec M. Dornier, pour lequel cependant elle témoigne une affection et des regrets souvent rappelés ;

» Que ces circonstances, qui touchent de si près aux objets des affections ordinaires des hommes, ne peuvent être ignorées, surtout d'une mère et d'une épouse qui conserverait le moindre usage de ses facultés intellectuelles ;

» Considérant qu'il résulte de ces mêmes interrogatoires, que Mme Dornier est entièrement étrangère à la conduite de sa maison et de ses affaires, dont elle ignore absolument la situation ; qu'elle ne possède aucune des connaissances, même les plus usuelles, nécessaires pour gouverner et régir sa personne et des biens et affaires aussi importants que les siens ; qu'ainsi sa fortune est exposée incessamment à recevoir de graves atteintes de la part de toute personne qui tenterait d'abuser de sa position ;

» Considérant que ses variations, ses aberrations et ses divagations dans les réponses aux diverses questions qui lui ont été adressées, sur des choses qu'elle ne pouvait ignorer ; sa persistance à rappeler toujours les mêmes idées, les mêmes faits, souvent contradictoires et aussi peu fondés en raison qu'en réalité, prouvent encore, de la manière la plus évidente, qu'il y a en Mme Dornier démence complète, absence complète de mémoire et de raisonnnement, et incapacité absolue de lier et suivre quelques idées, même les plus simples;

» Qu'ainsi, dans l'intérêt de sa personne et de sa fortune, il est urgent de venir au secours de Mme Dornier, par le moyen qu'indique la loi, et dont la nécessité est suffisamment démontrée par les preuves qui existent aujourd'hui dans la cause, sans qu'il soit besoin de recourir à une enquête. »

On ne saurait rien ajouter à la vérité judiciaire aussi énergiquement proclamée.

Aussi suffira-t-il de faire remarquer, qu'il n'y avait eu aucune aggravation de l'état mental de Mme Dornier, pendant le cours de la longue instruction à laquelle donna lieu la demande en interdiction; qu'on trouve dans son premier interrogatoire la même incohérence, le même désordre d'idées que dans ceux qu'elle avait subis à divers intervalles, parce que la perte complète de sa mémoire et le dérangement de ses autres facultés intellectuelles remontaient à plusieurs années, lorsque quelques uns de ses enfants se déterminèrent à provoquer contre elle la mesure que le tribunal avait reconnue indispensable; et que, ainsi que Mme Dornier le déclare elle-même, dans son premier interrogatoire, depuis l'accident grave qu'elle avait éprouvé au mois de mai 1827, *sa tête tournait quelquefois, et qu'elle était restée cinq ans sans quitter son lit.*

Voilà quelle était la situation de Mme Dornier en 1828, date de la donation; et lors même qu'on n'apercevrait ici l'action d'aucune influence étrangère, on serait fondé à demander la nullité de cet acte, parce que la personne de qui il émane n'était pas *saine d'esprit.*

Une hésitation quelconque serait-elle permise à cet égard, lorsqu'on voit une volonté étrangère agir sur une femme incapable elle-même de toute volonté, avec cette persistance qu'inspirent l'intérêt personnel et la cupidité?

Non sans doute. Esquissons rapidement cette seconde partie d'un affligeant tableau ; montrons le spoliateur avide, en présence d'une mère dont il convoite le patrimoine.

§ VI.

La suggestion et le captation laissent d'ordinaire peu de traces ; et celui qui a conçu un projet déloyal est presque toujours assez habile, pour le cacher à ceux qui auraient intérêt à en empêcher la réalisation.

Tout doit faire présumer que dans l'état d'isolement où se trouvait sa mère, et lorsque l'affaiblissement de ses facultés ne lui permettait pas de résister à l'impulsion qu'on voulait lui donner, M. Alexandre Dornier a fait de nombreuses démarches auprès d'elle pour en obtenir ce qu'il désirait depuis longtemps, l'abandon gratuit des bois de Dampierre qu'il lui avait vendus en 1820.

Mais à cet égard, on est réduit à de simples conjectures ; et sans quelques lettres et notes retrouvées par hasard parmi les papiers de Mme Dornier, il serait impossible de s'expliquer comment son fils puîné serait parvenu à se faire consentir la donation des bois de Dampierre.

Recueillons donc ce qui résulte de ces notes, témoins muets et irrécusables.

Nous y trouverons d'abord la preuve de ce fait qu'Alexandre Dornier n'était pas l'objet d'une affection particulière de sa mère ; que loin de là, elle lui avait adressé, dans diverses circonstances, des reproches assez graves sur sa conduite.

Ainsi, le 13 septembre 1811, elle lui écrivait :

« A mon retour, j'ai trouvé votre lettre que le désordre de vos affaires vous oblige de m'écrire, ce que je sais depuis longtemps.

» C'est affreux d'avoir mangé en si peu de temps ; ta fortune est mangée, et vous avez voulu faire les glorieux, prendre toutes les usines qui vous environnaient. Vous avez cru faire comme votre père, vous n'êtes pas fait pour lui ressembler de votre vie ; il avait du travail, exemple à sa correspondance, la faisant lui même; de l'ordre et de l'économie, et n'insultait personne.

» Et vous n'avez que le goût de la dépense, le train du monde dégoûtant : sachez bien qu'en faisant venir du vin de tous côtés, boire du matin au soir, insultant tout le monde. Il y avait que des jureurs dont avec qui vous viviez, faisant des sottises les plus affreux, *une conduite infâme envers moi que je n'oublierai de ma vie* (1).

A une époque plus rapprochée, le 18 janvier 1822, Mme Dornier écrivait à Alexandre :

« Le receveur des domaines vient de me faire dénoncer la vente de fontes qu'il a fait saisir à mes forges. Je n'en veux pas à cet homme ; il a fait son devoir ; mais vous, faites-vous le vôtre, en souffrant que j'éprouve de pareils désagréments ?

» Comment osez-vous, ainsi que vos frères et sœurs, me laisser saisir pour une affaire qui vous regarde si particulièrement? Je vous abandonne de bonne grâce ce qui me revenait dans la succession de votre frère, et vous ne daignez pas m'épargner le désagrément de recevoir, pour cette même succession, qui me devient étrangère, un huissier. Ah ! votre conduite à tous est abominable et sans exemple ; les cœurs les plus endurcis n'y croiraient même pas.

» Pour vous tirer d'embarras, j'ai repris vos bois exorbitamment cher. Cette acquisition m'a déjà donné beaucoup d'ennui et m'en donnera encore beaucoup ; car cette acquisition me met dans le cas de quêter de tous côtés de l'argent, pour payer vos créanciers et vous aussi ; cette raison seule aurait suffi pour ne pas me causer d'autres ennuis.

» Si, au retour de mon exprès, vous ne m'accusez pas avoir satisfait le receveur des domaines, je vous déclare que tout ce que j'ai fait pour vous sera annulé, et je vendrai ma part à des étrangers, pour n'avoir rien à faire à vous. »

---

(1) On n'a pu conserver l'orthographe des lettres et notes de Mme Dornier, qui ne permettrait pas d'en saisir le sens : mais par son style seul, on peut juger qu'elle manquait tout à fait d'instruction.

Dans une autre lettre du 23 décembre 1823, on remarque les passages suivants :

« Vous êtes le maître de mettre le désordre dans ce qui vous appartient ; mais je veux de l'ordre dans mes bois ; et qu'on le répète tant que je vivrai : vous n'y avez aucun droit, quoi que vous disiez, c'est notre bien... »

« Vous vous êtes mal conduit, quand vous tiriez dans les bois de Dampierre, qui appartiennent à vos frères. Quel mal m'avez-vous pas fait, et les propos que vous avez tenus, quand on vous a dit de les réparer. *Vous êtes méchant, sans en avoir l'air ; jusqu'à me dire à moi, dans ma chambre, que je n'aurais pas mangé du pain sans votre père.* Je n'ai pas oublié vos menaces ; vous en avez bien dit d'autres devant vos domestiques qui l'ont bien répété ; je les ai toutes méprisées. Quand je vais chez vous, je me trouve gênée... »

« Pour vous prouver comme vous tenez peu de cas de moi, vous n'avez pas voulu avoir la soumission de me demander une permission de chasser dans mes bois, et vous y menez beaucoup de monde. Vos frères en font autant et mènent les braconniers de Gray pour tout détruire ; cela prouve le peu d'égards pour moi ; et je ne vous dis pas ce que je pense d'une conduite semblable.

» Je me suis rappelée du service que vous m'avez rendu en m'accompagnant à Paris. Vous n'avez pas craint de déplaire à votre frère, *et je vous ai donné des preuves de ma reconnaissance ;* ET C'EST VOUS QUI M'EN AVEZ LE PLUS FAIT, EN TENANT DES PROPOS INFAMES. Quand je vais chez vous, vous voyez que je m'y gêne ; je sais que vous êtes tous contre moi, et je ne vous le pardonne pas. »

Nous terminerons cette analyse en reproduisant les lignes suivantes d'une dernière lettre, sous la date du 16 décembre 1824 (1).

« Sans en avoir l'air, vous voudriez jouir de tout ce que je possède ; commander mes ouvriers et qu'ils soient soumis à tous vos ordres ;

---

(1) Toutes les lettres que nous citons dans le mémoire se trouvent littéralement reproduites dans l'imprimé.

et quand ils vous font des observations, vous leur répondez : Est-ce que ce n'est pas notre bien ? Non, il n'est pas à vous, tant que je vivrai ; je suis la maîtresse d'en disposer comme cela me conviendra.

» Auguste veut revenir sur son échange ; je ne m'y oppose pas, puisque vous avez mal agi avec moi. Non, *jamais vous n'avez eu d'amitié pour moi ; jamais je n'oublierai les propos que vous avez osé me dire, en me disant que, sans votre père, je mourrais de faim.* »

En présence de ces fragments de correspondance, sans doute bien incomplets, que le hasard a fait retrouver parmi les papiers de Mme Dornier, est-il permis de supposer que la mère de famille ait voulu assurer, au détriment de ses frères et sœurs, un avantage considérable à l'enfant qui lui avait donné de si graves et de si nombreux sujets de plainte?

Non, sans doute. Quand un père ou une mère use du droit que la loi lui accorde de s'affranchir de la règle d'égalité, qui sert en général de base au partage entre les enfants, c'est parce qu'il s'agit, soit de punir l'ingratitude ou la mauvaise conduite de quelques uns d'entre eux, soit de reconnaître les bons services ou la tendre affection de quelques autres.

Parfois aussi, nous nous empressons de le reconnaître, l'auteur de la disposition a obéi au préjugé qui existe encore dans certaines familles, d'attribuer une part préciputaire à l'aîné, sans même examiner s'il a des titres personnels à une telle faveur.

Une telle circonstance n'existant pas ici en faveur du fils puîné, on ne saurait comment expliquer la donation importante dont il a été l'objet, d'après sa conduite habituelle envers Mme Dornier, et l'impression pénible que cette conduite avait produite sur l'esprit de la mère de famille, dans le long intervalle de 1811 à 1824.

Cette explication que l'on chercherait vainement ailleurs, nous la trouverons encore dans la correspondance. Pour cette fois, c'est le sieur Fanfan Dornier lui-même qui va faire connaître aux magistrats par quels moyens il est parvenu à se faire consentir par la mère commune une donation préciputaire, à laquelle il n'avait aucun titre, et contre l'intention formelle qu'elle-même avait manifestée, tant avant qu'après cette donation.

§ VII.

Par acte notarié du 5 octobre 1820, M. Bernard-Alexandre (Fanfan) Dornier avait vendu à sa mère les bois de Dampierre, dont elle avait complétement acquitté le prix, soit entre les mains du vendeur lui-même, soit entre les mains de ses créanciers.

Il paraîtrait que ces bois auraient été vendus bien au-dessus de leur valeur (peut-être la totalité du prix n'avait-elle pas été portée au contrat), d'après ce que dit Mme Dornier dans sa lettre du 18 janvier 1822 que nous venons de rapporter, page 33.

Quoi qu'il en soit, M. Alexandre Dornier désirait vivement rentrer dans la jouissance de ces bois, essentiellement utiles à l'exploitation de ses fourneaux.

La correspondance prouve que plusieurs fois il en avait acheté la coupe à sa mère, et que des débats s'étaient souvent élevés entre eux à ce sujet.

Dès 1823, il avait proposé à sa mère de lui consentir la revente de ces bois.

C'est ce qui résulte du passage suivant d'une lettre que Mme Dornier lui adressait le 6 septembre 1823 :

« Quant aux bois que tu désires, je ne puis en remettre qu'un, qui est celui de Dampierre, l'autre étant promis. Si je peux me dégager, je le ferai, mais c'est pas sûr; et j'espère bien être payée, ayant besoin de mon argent. »

Si ce passage n'est pas bien clair, il se trouve expliqué par l'annotation suivante de la main de Mme Dornier : — « Copie de la lettre à Fanfan Dornier, à l'occasion du bois de Dampierre qu'il me demande à *acheter.* »

Ainsi, à cette époque, il s'agissait d'une proposition de *vente* à laquelle il ne fut donné aucune suite, sans doute, parce qu'une vente suppose toujours le paiement du prix ; et qu'ainsi qu'elle l'avait plusieurs fois manifesté dans sa correspondance, Mme Dornier n'était nullement disposée à se dessaisir, de son vivant, des biens dont elle était propriétaire.

Quelques années après, M. Fanfan Dornier jugea que les circonstances étaient plus favorables à la réalisation de son projet.

Nous avons fait connaître la situation déplorable dans laquelle se trouvait sa mère, à la suite du cruel accident qu'elle avait éprouvé en 1827.

C'était pour le fils cupide une occasion opportune de renouveler son attaque ; et le succès ne pouvait en être incertain.

Le 12 mai 1828, il adressa à sa mère la lettre suivante, sur laquelle nous appelons les sérieuses méditations des magistrats :

« Ma mère, je me hasarde à vous faire une demande que vous trouverez peut-être indiscrète ; c'est mon oncle le gendarme qui m'en a donné l'idée, en me disant que vous lui aviez dit *que peut-être* vous ME VENDRIEZ MES bois de Dampierre ; que vous lui aviez parlé d'un voyage que je vous avais fait faire à Paris, dans le temps de mon père, dont je me rappelle à peine ; mais enfin, si j'ai fait quelque chose qui vous soit agréable, je n'ai fait que mon devoir.

» Il y a 22 ans que je suis dans les affaires, sans être plus riche pour cela, puisque que j'ai été obligé de vous vendre ma plus belle propriété. Je n'ai fait qu'une folle dépense depuis que je suis dans les affaires, c'est celle de ma maison, dans laquelle j'ai mis à peu près cent mille francs au lieu de trente que je devais dépenser. J'ai perdu, dans les forges, en 1811, 186,000 francs. Je faisais valoir à cette époque six fourneaux ; et dans les deux invasions de 1814 et 1815, 132,000 francs. Voilà, ma mère, l'exacte vérité, et ce qui m'a forcé à vendre les bois de Dampierre. J'ai travaillé, tout au plus pour revenir au point où j'étais après la mort de mon père.

» J'ai un fourneau sans affouage, c'est bien peu de chose ; si je ne puis espérer remettre après des bois, je serai forcé de le vendre. Connaissant vos bienfaits pour vos enfants, oserai-je, moyennant une rente viagère que vous fixerez vous-même, vous prier de faire quelque chose pour moi ? Combien je serais heureux *si j'avais l'espoir de rentrer dans cette propriété, sans pour cela diminuer vos revenus !*

» Si vous trouvez ma demande indiscrète, veuillez brûler ma lettre ; et quelle que soit votre détermination, je vous prie, ma mère, de ne pas cesser de m'employer, si vous croyez que je puisse vous être utile ; ne m'épargnez pas, je me ferai toujours un vrai plaisir de saisir toutes les occasions qui pourront vous prouver mon respectueux attachement. »

Cette lettre est un véritable modèle d'habileté diplomatique.

Pour s'en convaincre, il suffit de la résumer en peu de mots.

Dans le premier alinéa, tout ce que paraît demander M. Fanfan Dornier, c'est que sa mère *lui vende* les bois de Dampierre, qu'il a seulement le tort d'appeler *siens*, lorsqu'il les avait aliénés et en avait touché le prix depuis sept ans.

On ne voit pas trop pourquoi il parle de son oncle le gendarme comme lui ayant suggéré l'idée de cette proposition, qui n'a rien d'extraordinaire en elle-même ; car enfin, nul ne saurait contester la validité d'une vente consentie par une mère à son fils, lorsqu'elle est faite à des conditions loyales et qu'elle n'a pas pour but de déguiser un avantage indirect.

Mme Dornier, dans une de ses lettres (V. page 34), avait parlé de sa reconnaissance (reconnaissance dont elle lui aurait d'ailleurs donné immédiatement des témoignages) à l'occasion d'un voyage à Paris où Fanfan l'aurait accompagnée. Il fait adroitement allusion à cette circonstance, avec un ton de modestie qui doit rappeler à sa mère le souvenir de ce fait unique dont elle ait eu l'occasion de remercier son fils.

Dans le second alinéa, M. Fanfan Dornier indique, sans doute en les exagérant, les circonstances qui lui auraient occasionné des pertes considérables. En général, celui qui demande à acheter a ou doit avoir l'intention de payer son prix ; et de la part de celui qui fait à un tiers la proposition de lui vendre un immeuble important, c'est un mauvais moyen, pour faire accueillir sa proposition, que de lui parler de son état de gêne , ou, en d'autres termes, de son impossibilité d'acquitter le prix de la vente.

Aussi, dans la pensée de l'auteur de la lettre, il s'agit de toute autre chose que d'une vente proprement dite.

On peut sans doute aliéner un immeuble, moyennant une rente viagère ; mais alors la quotité de la rente est fixée d'après le prix, au denier 10, 12 ou 15, suivant l'âge du vendeur auquel elle doit être servie; parce que la rente viagère comprend non-seulement l'intérêt du capital d'après lequel elle est constituée, mais une portion de ce capital dont on se trouve libéré, au décès du rentier viager.

Ce n'est pas là ce que M. Fanfan Dornier proposait à sa mère. Il voulait rentrer dans la propriété des bois de Dampierre *sans diminuer ses revenus,* ou, en d'autres termes, se faire investir, sans bourse délier, de la nu-propriété des bois dont il s'agit. Ainsi, Mme Dornier retirait annuellement un produit de 15,000 fr. en conservant sa propriété ; elle toucherait le même produit, mais la propriété passerait de sa tête sur celle de son fils.

En terminant, M. Fanfan Dornier prie sa mère *de brûler cette lettre :* elle contenait donc des propositions contraires à la loyauté et à la délicatesse ; car, en général, on ne cherche à cacher aux autres que des faits dont on aurait soi-même à rougir.

Oui, sans doute, ce juge qu'on ne trompe jamais et qui ne se laisse pas égarer par de vains sophismes, disait à l'adversaire qu'il n'agissait pas en homme probe et délicat, en abusant de l'influence que la faiblesse morale et physique de sa mère lui permettait d'exercer sur elle, pour se faire attribuer une partie de son patrimoine, au préjudice de frères et sœurs dont les droits étaient les mêmes aux yeux de la nature ainsi que de la loi.

Nous ignorons, et l'adversaire nous apprendra sans doute, ce que sa mère répondit à cette étrange lettre.

Quoi qu'il en soit, le 28 du même mois de mai, il lui écrivit de nouveau en ces termes :

« Ma mère,

» M. Bridan n'était pas à Gray, lors de mon passage, à mon retour de Pesmes. J'ai cru devoir consulter M. Versigny *sur l'affaire que vous avez la bonté de faire pour moi*. Il m'a dit qu'un acte sous seing privé serait déclaré nul; qu'il n'y avait absolument, pour ces sortes d'affaires, qu'un acte notarié qui fût valable. Voici donc ce que je vous propose : M. Cornet, notaire à Gray, qui a votre confiance, se rendrait avec moi à Pesmes, le jour que vous m'indiqueriez, *et que vous y seriez seule.*

» *Il passerait cet acte; et en lui recommandant la discrétion, la chose serait toujours secrète.*

» Vous pourriez me faire écrire un mot pour le jour, en me disant que vous m'attendez à Pesmes *avec le monsieur en question*, tel jour, à telle heure, celui que vous fixerez; je m'y rendrai. »

Ici tout est énigme et mystère. On ne parle plus d'une donation, *mais de l'affaire que Mme Dornier doit faire* pour son fils.

Elle doit être seule quand celui-ci et l'officier public se rendront chez elle. Avec de la discrétion, la chose restera secrète. Nous verrons bientôt qu'elle ne l'a pas été.

La délibération du conseil de famille nous apprend qu'il y a un notaire à Pesmes; mais il pouvait ignorer la fâcheuse position de Mme Dornier; peut-être même lui avait-elle fait connaître son intention de n'avantager aucun des enfants au détriment des autres. On pouvait avoir à craindre, de sa part, quelques scrupules pour la passation d'un acte au sujet duquel M. Fanfan Dornier avait évité de s'expliquer catégoriquement dans ses deux lettres successives. Un notaire du chef-lieu d'arrondissement était préférable sous tous les rapports.

D'après la première phrase de la lettre que nous venons de rappeler, il y a tout lieu de penser que Mme Dornier, ne pouvant se rendre compte de ce qu'on lui demandait, avait désiré que Me Bridan, son avocat, fût consulté.

Cet avocat était absent de Gray, s'il faut en croire l'auteur de la lettre; et c'est à Me Versigny, *son propre avoué*, qu'il s'adresse, pour avoir son avis sur l'acte projeté. C'était évidemment une garantie bien peu rassurante, pour la mère de famille qu'on voulait spolier;

car, sans suspecter en aucune manière la loyauté de cet officier mi-
nistériel, informé sans doute par son client que Mme Dornier *voulait
faire une donation entre vifs* au profit de son fils puîné, il devait lui
dire qu'un tel acte ne pouvait être valablement fait que dans la forme
authentique.

Que s'est-il passé dans l'intervalle du 28 mai au 16 juin 1828 ?
Nous l'ignorons.

Disons seulement, qu'à cette dernière date, M⁰ Cornet, notaire, s'é-
tant rendu à Pesmes, on y rédigea ou du moins on y signa l'acte, contre la validité duquel M. Alfred Dornier n'a jamais cessé de protester,
et dont il vient aujourd'hui demander la nullité, par des conclusions
formelles.

On y fait comparaître, devant ce notaire, présents témoins :

« Mme Catherine Rochet, propriétaire des forges de Pesmes, veuve
de M. Pierre-Claude Dornier, demeurant auxdites forges,

» Laquelle a donné entre vifs, irrévocablement, avec garantie de
toutes dettes et hypothèques, *par préciput et hors part.*

» A M. Bernard-Alexandre-François-Xavier Dornier, son fils, maître de forges, demeurant à Dampierre-sur-Salons, ici présent, et acceptant avec reconnaissance :

» Six massifs de bois contenant ensemble 402 hect. 70 ares, etc.

» Les objets donnés estimés au revenu de 15,000 fr   » ·

(Dans l'établissement de la propriété, on indique que ces bois appartiennent à Mme Dornier, en vertu de l'acquisition qu'elle en a
faite de M. Dornier, donataire.)

« M. Dornier (est-il dit ensuite) disposera en nu-propriété, à compter de ce jour, des immeubles donnés; et il n'en commencera la jouissance qu'à l'époque du décès de Mme Dornier, qui s'en réserve
l'usufruit pendant sa vie, à laquelle époque cet usufruit sera réuni à
la nu-propriété au profit du premier, envers qui elle consent tous
désistements nécessaires, voulant qu'il en soit alors saisi par qui il
appartiendra.

(Viennent ensuite les conditions ordinaires, de prendre les bois dans l'état où ils se trouvent; de supporter les servitudes dont ils peuvent être grevés, de payer les impositions, et d'acquitter les frais et droits auxquels la donation donnera ouverture.)

« Cette donation est faite, au surplus, pour preuve de la tendresse que Mme Dornier porte au donataire, et parce que telle est la volonté de cette première. »

A la suite de la remise des titres, on s'exprime ainsi, dans la clôture de l'acte :

« Fait et passé aux forges de Pesmes, chez Mme Dornier, l'an 1828, le 16 juin, en présence des sieurs Jacques Guilleminot, charpentier, et Antoine Opy, maçon, demeurant à Pesmes, qui ont signé avec les parties et le notaire. »

Ce charpentier et ce maçon appelés comme témoins étaient de simples ouvriers, quand le directeur et les principaux commis de l'usine se trouvaient sur les lieux. Des personnes plus éclairées auraient été sans doute gênantes; il suffisait de pouvoir apposer sa signature, à la suite d'un acte dont rien n'*indique d'ailleurs qu'il ait été donné lecture aux* témoins.

Chacun peut se demander si la formule employée d'ordinaire dans les donations entre vifs est ici l'expression de la vérité. La correspondance dont nous avons présenté l'analyse permet de douter de *cette tendresse* dont une libéralité aussi excessive aurait été la preuve; quant à *la volonté* dont l'acte serait la manifestation, la position désormais bien connue des deux parties peut naturellement faire supposer qu'il s'agissait de réaliser la volonté de M. Fanfan Dornier plutôt que celle de sa mère.

§ VIII.

Si les circonstances qui ont précédé la donation entre vifs sont de nature à justifier une telle opinion, nous pensons qu'on peut l'adopter avec une complète certitude, en présence des faits qui l'ont suivie et dont il nous reste à rendre compte.

Quatre jours après la clôture de l'inventaire, dans lequel on avait eu le soin de coter et parapher plusieurs notes et lettres importantes trouvées parmi les papiers de Mme Dornier, son fils Joseph, demeurant à Gray, se présenta devant M⁰ Voilliard, rédacteur de cet inventaire et déposa, pour être mise au rang de ses minutes, une lettre que sa mère lui avait adressée le 22 juillet 1828, *trente-six jours* après la donation faite à son frère.

Cette lettre se trouve transcrite mot à mot, avec toutes les fautes d'orthographe dont elle fourmille, à la page 64 de l'imprimé.

En voici la copie littérale, dont nous avons corrigé l'orthographe, sans toucher au style, sauf les trois mots soulignés, dont nous n'avons pas bien saisi le sens :

« Je te dis, Joseph, que mon intention n'avait point été de nuire à
» mes enfants ; c'est moi qui ne me suis pas expliquée avec Fanfan,
» et que je suis sûre qu'il n'a pas fait pour me nuire. Je voulais
» après ma mort *qui ai lon* désir, que son lot tombe sur les bois de
» Dampierre ; c'est ainsi que voulais que l'acte soit fait. Si c'est
» autrement, c'est qu'on s'est mal entendu : tu verras ton frère à cet
» égard-là. »

Ainsi que Mme Dornier le désirait, il paraît qu'une entrevue eut lieu immédiatement entre les deux frères.

Le 26 du même mois, Dornier puîné adressa à sa mère une lettre dans laquelle il se plaint avec amertume de ce qu'elle a écrit, au sujet de l'acte passé à son profit. Il affirme que cet acte est conforme aux intentions qu'elle avait manifestées ; il cite même plusieurs circonstances pour essayer de le lui persuader.

Un passage de cette lettre est assez curieux :

« Lorsque vous avez accordé à Joseph (y est-il dit) *soixante mille francs*, par billets payables après votre décès et dont il jouit (vous lui en payez les intérêts, sur ce qu'il m'a dit), je lui en fis compliment ; il aura donc, par préciput, ces 60,000 fr. de plus qu'un autre. Il en est de même d'Auguste, auquel vous avez acheté un bien de 60,000 fr. J'en ai été très-content pour eux, ainsi que des pensions que vous avez accordées à Louis et à Mme Legéas. Jamais je n'en ai rien dit ; d'ailleurs, vous étiez bien la maîtresse d'en agir ainsi. Je ne vois pas pourquoi ceux qui ont reçu de vous se gendarment le plus contre ce que vous avez bien voulu faire pour moi. Je vous prie aussi de vous rappeler, ma mère, que lorsque je vous en parlai, vous me dites de suite : Il y a longtemps que c'était mon intention ; et si je m'étais cru en danger lors de mon accident, je l'aurais fait plus tôt. Mais, dans tout ceci, ma mère, *je ferai tout ce que vous voudrez ; vous n'avez qu'à ordonner, je suis prêt à tout.* »

Nous ferons trois observations, au sujet de cette lettre :

La première a pour but de signaler cette obsession à laquelle Mme Dornier était en butte de la part de plusieurs de ses enfants ; c'était à qui se ferait d'avance la meilleure part, au moyen de donations, de ventes sans prix, de prêts simulés, de remises de billets, de constitution de rentes. L'exposant peut du moins se rendre ce témoignage à lui-même, qu'il n'a jamais pris part à cette large curée, et qu'il n'a même jamais souffert que sa mère lui remboursât les frais de son voyage, lorsqu'il allait passer quelques jours auprès d'elle, ainsi qu'elle était dans l'usage de le faire, à l'égard de tous ses enfants.

La seconde est relative à l'appel que M. Fanfan Dornier semblait ai re aux souvenirs de sa mère, pour essayer de lui persuader que son intention avait bien été de lui donner les bois de Dampierre. Cette sorte de provocation, à l'égard d'une personne chez laquelle la faculté de la mémoire était complétement éteinte, qui n'avait gardé aucun souvenir des faits réels, et admettait comme vrais des faits imaginaires et fantastiques, ne pouvait avoir aucun résultat dangereux pour M. Dornier puîné.

La troisième porte sur la phrase qui termine cette lettre. Certes, si l'adversaire était disposé, comme il le dit, à faire ce que voudrait sa mère, elle s'était assez clairement expliquée dans sa lettre à Joseph, pour que son frère pût prendre immédiatement le parti que lui conseillaient l'honneur et la délicatesse. Car enfin, la mère commune avait dit formellement dans cette lettre, qu'elle voulait seulement qu'*après sa mort, Fanfan eût les bois de Dampierre* dans son lot, comme étant plus à sa convenance qu'à celle des autres membres de sa famille, *auxquels elle n'entendait faire aucun tort.*

Comment expliquer la note suivante, de la main de M. Dornier, comprise sous le n° 12, parmi les pièces inventoriées?

« Fanfan a promis de rapporter deux cent mille francs, pour un
» bois qu'il m'a vendu. Il me l'a fait trop payer; et pour dédomma-
» ger ses frères et sœurs, je dois leur donner et leur assurer la même
» somme, pour mettre la paix dans la famille.

» Le 12 août 1828. »

Au dos est écrit : *Ce billet n'est que pour moi seule.*

On fera remarquer que ce billet est postérieur de moins de deux mois à la donation et de vingt jours seulement a la lettre par laquelle Mme Dornier déclarait à Joseph quelles avaient été ses véritables intentions au sujet des bois de Dampierre.

En écrivant ce billet, qui était pour elle seule, la mère commune avait complétement perdu le souvenir de ce qui s'était passé; car c'est seulement *au sujet de la vente que Fanfan Dornier lui avait consentie sept ans auparavant des bois de Dampierre, et* non par suite *de la donation qu'elle lui avait récemment faite de ces mêmes bois,* que son fils lui aurait promis de rapporter une somme de deux cent mille francs.

De quelque manière qu'on veuille interpréter ces deux écrits émanés de Mme Dornier, à un aussi court intervalle, on est réduit à se placer dans cette alternative : ou qu'on lui a fait consentir la donation du 16 juin *contre sa volonté ;* ou qu'en apposant sa signature à cet acte, *elle n'avait pas la conscience* de ce qu'elle faisait.

Dans le premier cas, il y aurait substitution d'une volonté étrangère à la volonté de la donatrice (et d'après la situation désormais bien connue de la veuve Dornier, on sait combien une telle substitution était facile).

Dans le second cas, la donation ne serait pas l'œuvre d'une personne *saine d'esprit,* ainsi que l'exige l'art. 901 du Code civil.

Dans l'un et l'autre cas, les tribunaux ne peuvent hésiter à en prononcer la nullité.

§ IX.

L'on serait tenté de croire que la cupidité est, comme l'ambition, une de ces passions que le succès développe au lieu de les satisfaire.

M. Fanfan Dornier aurait dû s'estimer heureux de s'être fait assurer la propriété d'un immeuble dont on porte la valeur à plus de 500,000 fr. Mais pour en avoir la jouissance il doit attendre le décès de sa mère, qui s'en est réservé l'usufruit.... Il faut obtenir qu'elle y renonce, moyennant une rente annuelle. La tentative était sans doute téméraire; mais Mme Dornier, pourvu qu'elle soit isolée de ses conseils, subira la loi qu'on voudra lui imposer. Son fils le sait; et l'on ne peut se dispenser de signaler l'adresse et la persévérance avec lesquelles il est parvenu à réaliser ce second projet, malgré un obstacle imprévu et qui semblait insurmontable.

Dans deux lettres du 13 novembre et du 5 décembre 1828 (voir pages 49 et 50 de l'imprimé), M. Dornier puîné propose à sa mère de renoncer en sa faveur à l'usufruit qu'elle s'est réservé, moyennant une somme annuelle qu'elle fixera elle-même.

N'ayant pu obtenir de réponse à cette proposition, il la renouvelle d'une manière plus précise, dans une troisième lettre du 9 janvier 1829 (voir page 52).

Après avoir établi des calculs d'après lesquels les coupes annuelles des bois de Dampierre ne donneraient qu'un produit net d'environ 12,000 fr. (il résulte, au contraire, des livres que ce produit a toujours été au-dessus de 18,000 fr.), M. Dornier ajoute : « Malgré ce, si vous vouliez avoir la bonté de me remettre l'usufruit que vous vous êtes réservé sur les bois dont vous avez eu la bonté de me faire don, *je vous paierais, tous les ans, quinze mille francs en deux termes*, ce qui porterait les bois de Dampierre à 17,000 fr. par an pour moi, puisqu'il y a au moins 2,000 fr., par chaque année, d'impôts et de frais de garde; mais étant sur les lieux et à portée de visiter ces bois tous les jours, je ferais de grandes améliorations, et vous me rendriez en même temps un grand service. »

Nouvelle insistance dans une autre lettre du 24 janvier (page 53): « Veuillez répondre, ma mère, à la proposition que je vous ai faite. Combien vous me rendriez heureux en l'acceptant, *d'autant plus que vous me feriez un bail avantageux pour vous, d'après le prix que je vous offre.* »

Enfin, à la suite d'une nouvelle lettre, Mme Dornier demande un modèle de réponse à deux personnes différentes, qui sont également d'avis de rejeter la proposition, M. Bridan, son conseil, et M. Charpin, le directeur des usines. (Voir ces titres au dossier, p. 57 et 59.)

M. Dornier paraît se résigner. Il écrit à sa mère le 10 février 1829 : « Puisque la proposition que je vous ai faite pour les bois de Dampierre ne peut vous convenir, *je n'y reviendrai plus.* »

Mais ce n'était qu'une retraite feinte, pour que Mme Dornier n'eût plus occasion de parler de cette affaire aux personnes qu'elle avait consultées.

En effet, par un acte sous seing privé du 5 décembre 1830, écrit de sa main, et que Mme Dornier a seulement signé, sans en approuver l'écriture, M. Dornier puîné s'est fait abandonner, moyennant *treize mille francs* par an, un usufruit pour lequel il avait constamment offert *quinze mille francs.*

Nous nous abstiendrons de qualifier un tel acte, sous le rapport de la moralité; sous le point de vue légal il est radicalement nul, et doit entraîner une condamnation en restitution de la différence entre la somme de 13,000 fr. et le produit réel des bois dont il s'agit, dans l'intervalle de 1830 à 1844, date du décès de Mme Dornier.

§ X.

Ce Mémoire ayant spécialement pour objet de présenter l'ensemble des actes et des faits du procès, nous n'avons fait, en quelque sorte, qu'y indiquer les moyens de droit qui seront développés à l'audience.

Et cependant chacun peut être déjà en mesure d'apprécier le mérite des actes par lesquels M. Dornier puîné s'est fait attribuer, d'abord
la propriété, ensuite la jouissance des bois de Dampierre; parce
qu'on est certain de trouver dans la loi la consécration de tout ce
qui est moral et raisonnable.

Pour frapper ces actes d'une juste réprobation, il suffit de reconnaître qu'il y a, de la part de la mère de famille, absence de cette volonté éclairée et indépendante qu'on doit surtout exiger dans les
transmissions de propriété; et, de la part du prétendu donataire, un
ensemble de manœuvres perfides et déloyales, pour consommer une
spoliation depuis longtemps projetée.

L'époque à laquelle ces actes ont été souscrits fournit d'ailleurs un
nouveau moyen de nullité; et il est d'autant plus utile de l'indiquer,
qu'il doit s'appliquer à ceux dont prétendent exciper d'autres
héritiers.

En effet, il résulte de la combinaison des art. 503 et 504 du Code
civil « que l'on peut attaquer les actes antérieurs à l'interdiction,
si la cause de l'interdiction existait notoirement, à l'époque où ces
actes ont été faits; et que, même après la mort d'un individu, les
actes par lui faits peuvent être attaqués, pour cause de démence,
lorsque son interdiction aurait été prononcée ou provoquée avant
son décès. »

Il est constant en fait, et une enquête l'établirait au besoin, que
les causes qui ont motivé l'interdiction de Mme Dornier existaient
dès 1827, à la suite de l'accident grave qu'elle avait éprouvé; et
que par cela même, on est fondé à demander l'annulation des actes
postérieurs à cette époque, surtout lorsqu'ils sont contraires à l'intention qu'elle avait toujours manifestée, de maintenir l'égalité entre
ses enfants.

DEUXIÈME PARTIE.

Dispositions, à titre de préciput, consenties en faveur de Jean-Baptiste-Auguste Dornier.

Il s'agit ici de l'appréciation d'actes consentis à une époque *légalement* suspecte, comme ceux que Fanfan Dornier a fait souscrire en sa faveur ; et dont la nullité doit conséquemment être prononcée, par application des art. 503, 504 et 901 du Code civil.

Nous ne reproduirons pas les faits généraux exposés dans la première partie de ce Mémoire. — Leur influence doit être la même, relativement aux divers actes qui se sont accomplis dans l'intervalle de 1827 à 1833, parce que Mme Dornier ne jouissait pas alors de ses facultés intellectuelles, et que, pour disposer valablement de ses biens, à titre de donation entre vifs ou de testament, il faut être sain d'esprit.

Toutefois, nous nous empressons de le reconnaître : les lettres et notes trouvées parmi les papiers de Mme Dornier ne nous ont pas fourni contre Auguste des preuves écrites d'obsession et de captation, comme à l'égard de son frère.

A-t-il été plus adroit, en évitant de laisser des traces écrites de ses démarches, pour obtenir de sa mère ce qu'il désirait ? A-t-il été plus heureux, en ce que des lettres qui pouvaient le compromettre auraient été anéanties ? A-t-il pu se dispenser d'écrire, parce que, habitant auprès de sa mère, il pouvait la voir tous les jours ? Chacun peut choisir l'explication qui lui semblera la plus naturelle.

Avant de passer à l'appréciation des actes, il convient de se fixer sur une circonstance de fait que nous n'avons pas encore justifiée, d'une manière complète, et qui doit exercer une influence grave sur les esprits sérieux.

C'est qu'il n'avait jamais été dans la pensée de Mme Dornier d'avantager quelques-uns de ses enfants, au détriment des autres.

Pour s'en convaincre, il suffirait de se reporter aux contrats de mariage des frères et sœurs Dornier, établis antérieurement à 1827.

Voici en quels termes est faite la constitution dotale, dans le contrat de mariage de Mme Legéas, sous la date du 24 avril 1807, et auquel figurent ses père et mère :

Art. 5. — « Mondit sieur Dornier père, et de son autorité, la dame Rochet, son épouse, constituent en dot à la demoiselle Dornier leur fille, future épouse, *une partie de leurs biens meubles et immeubles* qu'ils laisseront à leur décès, ÉGALE A CELLE DE LEURS AUTRES ENFANTS, se réservant seulement sur iceux une somme ou valeur de 300,000 fr. et encore la faculté de régler le partage entre leurs dits enfants, *conformément à cette base.* »

Les deux chefs de la famille, dans cet acte solennel, proclament ainsi le principe d'égalité entre leurs enfants. La somme de 150,000 fr. dont chacun d'eux se réserve de disposer représentait à peine la *quarantième* partie de sa fortune.

Il y avait à cet égard *engagement personnel* de Mme Dornier; et ce qui était plus sacré peut-être à ses yeux, *déclaration solennelle* de son mari lui-même; et l'on sait quel culte pieux elle gardait à sa mémoire, ainsi que le tribunal de Gray l'a reconnu dans le jugement d'interdiction.

Aussi, dans le contrat de mariage des trois autres filles, Mmes Moine, Guillaume et Gravier, trouve-t-on l'application de ce principe d'égalité proclamé d'avance dans le contrat de mariage de leur sœur: c'est la somme de *dix mille francs que Mme Dornier donne à chacune d'elles.* A la vérité, cette allocation leur est faite *à titre de préciput et hors part*; mais d'après l'objet minime d'une telle libéralité, on voit que la mère de famille était loin d'excéder la réserve stipulée dans le contrat de mariage de 1807.

Du reste, même à l'époque où elle n'avait plus son libre arbitre, à cause de l'altération grave de ses facultés intellectuelles, quelle était la pensée qui se manifestait, en quelque sorte, d'inspiration, et comme le cri de sa conscience, chez Mme Dornier; cette pensée, qu'il faut rechercher, non dans les actes authentiques rédigés par un officier public quelquefois trompé par les apparences ou par les déclarations précédentes des parties intéressées, mais dans ces écrits intimes où la main n'obéit à aucune inspiration étrangère?

Qu'on lise la lettre adressée par Mme Dornier à son fils Joseph, le 21 juillet 1828, et la note qu'elle avait rédigée *pour elle seule* le 12 août suivant (voir pages 43 et 45), et l'on y trouvera la révélation bien manifeste de cette pensée.

Dans la lettre, elle déclare que son intention était seulement que les bois de Dampierre fussent compris dans le lot de Fanfan Dornier, *parce qu'elle ne voulait pas nuire à ses autres enfants.*

Il résulte de la note, malgré le peu de clarté de sa rédaction, que pour maintenir la paix de la famille, elle doit *assurer à chacun de ses enfants une somme égale à celle dont Fanfan a profité* dans la vente des bois de Dampierre.

Ainsi, à toutes les époques, même dans ces circonstances déplorables où le sentiment survit en quelque sorte à la pensée, Mme Dornier manifeste l'intention de maintenir une égalité parfaite entre ses enfants.

Nous serons moins affirmatifs à l'égard d'Auguste, qu'à l'égard de Dornier puîné, sur les rapports d'affection qui pouvaient exister entre lui et sa mère; car nous voulons toujours être vrais.

Auguste se trouvait encore auprès de sa mère, quand tous ses frères étaient établis; il était le plus jeune de la famille; et l'opinion publique le considérait comme *l'enfant gâté* de Mme Dornier.

Ce titre, dont il abusa plus d'une fois, pour exercer un pouvoir despotique dans la maison maternelle, lui donnait sans doute beaucoup d'influence sur une volonté qui ne pouvait plus se diriger elle-même. L'obsession la plus dangereuse est celle qui peut trouver en quelque sorte un complice dans la personne sur laquelle elle s'exerce; et Auguste Dornier ne manqua pas d'en abuser, sur l'esprit affaibli de sa mère.

Mais ce qui paraît certain du moins, c'est que sa conduite habituelle n'était pas de nature à justifier ces dispositions exceptionnelles par lesquelles un chef de famille récompense d'ordinaire l'enfant qui lui a donné des témoignages de son dévouement et de son respect.

Voici en quels termes Mme Dornier lui écrivait le 18 janvier 1824.

« Vous me demandez, Auguste, que je vous écrive : vous savez que votre conduite n'est pas celle du fils à qui j'ai fait tout ce que j'ai pu pour attirer votre amitié. J'ai fait tout ce que j'ai pu pour attirer votre amitié ; j'ai sacrifié beaucoup d'argent, je ne m'en repens pas ; mais je suis allée de trop bonne foi avec vous. Vous fréquentez, à Pesmes, des personnes qui ne me conviennent pas ; ma maison est ouverte toutes les nuits en vous attendant, ce qui me déplaît.

» Ces gens, chez qui vous passez une partie de la nuit, vous facilitent à prendre du poisson dans mon réservoir, et me prendre dans mon jardin tout ce qu'il y a de meilleur : *c'est me manquer et n'avoir aucune considération pour moi.* Quand vous êtes avec moi, vous êtes maussade : je ne puis m'habituer avec quelqu'un qui est triste.

» Je ne vous ai pas empêché d'amener de vos amis chez moi, quoique vous avez dit que je ne le voulais pas : mais je ne veux pas recevoir des gens qui ne me conviennent pas.

» *Vous vous êtes vanté de la manière dont vous m'avez quittée, ce qui prouve le peu d'égards que vous avez pour moi ; je méprise souverainement tous vos propos.*

» Quand vous serez chez vous, je ne me mêlerai jamais de vous ; je me gêne trop chez les autres. Je suis votre mère. »

Assurément ce n'est pas là ce ton bienveillant d'une mère avec un enfant justement préféré ; et sans attacher trop d'importance à des torts qui étaient peut-être ceux de son âge, il est du moins certain que la conduite d'Auguste, et surtout son manque d'égards envers elle, devaient affecter péniblement Mme Dornier.

A cette occasion, il n'est pas inutile de faire remarquer qu'Auguste habitait alors la ville de Gray, à trois lieues de Pesmes, et qu'il était même habituellement chez sa mère, auprès de laquelle il vint bientôt se fixer ; ce qui explique pourquoi il n'existe qu'un petit nombre de lettres échangées entre eux, et comment on ne trouve pas de traces écrites des moyens plus ou moins habiles qu'il a pu employer pour se faire avantager au détriment de ses frères et sœurs.

Du reste, ces manœuvres se révèlent en quelque sorte d'elles-mêmes, surtout à l'égard du premier acte dont nous allons avoir à rendre compte.

Nous avons sous les yeux une seconde lettre du 15 mai 1826 (elle est transcrite à la page 79 de l'imprimé) dans laquelle Mme Dornier engage son fils à ne pas acheter la maison de M. Rossigneux.

« Réfléchis bien, lui dit-elle, *avant de faire cette sottise...* Malgré tout ce que tu me diras, après toutes les dépenses que tu vas faire, tu revendras ta maison ; réfléchis bien, je te le répète : *tu finiras par faire de mauvaises affaires et manger ton bien.* »

Tout à l'heure on verra qu'Auguste Dornier ne tint aucun compte du conseil de sa mère ; mais qu'il s'arrangea de telle sorte qu'il n'eut rien à dépenser, pour l'achat de cette maison, ainsi que de divers immeubles provenant de la même origine.

Le 24 mai 1826, M. Auguste Dornier adressa à sa mère la lettre suivante, que nous croyons devoir rapporter en entier, soit parce qu'elle prouve assez clairement qu'il voulait s'imposer à elle pour l'administration de ses affaires, soit parce qu'on peut naturellement en conclure qu'il existait peu de sympathie entre les deux frères, qui avaient également pour but de se faire attribuer d'avance une partie du patrimoine de la mère commune.

« Ma chère maman, je ne sais trop ce que j'ai pu vous faire, pour que vous entendiez si peu mes intérêts. Je croyais m'être comporté avec vous *au moins aussi bien que mon frère Fanfinet* de qui vous prenez tant les intérêts, et qui, d'après ce que vous m'avez dit, *s'est très-mal comporté avec vous.*

» Je puis vous assurer que si j'ai offert mon domaine à Fanfinet, ce n'est qu'à cause de vous ; vous savez que j'ai fait tout ce que j'ai pu pour qu'il l'achetât.

» Vous croyez qu'on pourrait vous reprocher d'avoir donné votre consentement pour vendre mon domaine ; et cependant vous avez vous-même vendu à Fanfinet une partie de mon domaine ; vous m'avez permis de lui vendre ma coupe de bois, et vous-même vous m'avez acheté ma maison et des bois.

» Vous m'avez souvent dit que, quand vous promettiez quelque chose, vous ne manquiez jamais à votre parole ; et cependant, maman, vous m'avez promis devant Rochet et M. Girardot *que vous me don-neriez votre procuration, et maintenant vous me la refusez parce que je ne veux pas me laisser duper par mon frère Fanfinet.*

» Adieu, ma chère maman ; je pars demain pour Dijon pour demander à mon frère aîné sa procuration pour vendre, et je ne doute pas qu'il me la donne, parce qu'il verra bien que c'est dans mes intérêts.

» J'espère aller vous voir après mon retour de Dijon, non pas pour vous reparler de la procuration que vous m'aviez promise, mais pour vous voir. C'est 10,000 fr. que vous me faites perdre. »

On s'abstiendra de toute réflexion au sujet de cette lettre. Il suffira de faire remarquer qu'Auguste ne faisait pas trop son éloge, en disant à sa mère qu'il s'était *aussi bien comporté envers elle que son frère Fan-finet, qui, d'après ce que lui aurait dit Mme Dornier, s'était très-mal conduit avec elle.*

Quoi qu'il en soit, lorsqu'ils auront à apprécier *sous un point de vue légal* le mérite des actes de libéralité faits par la mère commune, en faveur de deux de ses enfants, au détriment des autres, les magistrats ne perdront pas de vue ces deux circonstances : que l'auteur de ces actes avait toujours manifesté l'intention de faire une part égale à chacun des enfants issus du mariage ; et que par leur bonne conduite ou leur dévouement, les deux d'entre eux qui se trouvent avantagés n'avaient aucun titre particulier à son affection.

Maintenant il convient de faire connaître au tribunal chacun des deux actes dont M. Auguste Dornier prétend exciper contre ses frères et sœurs, pour retenir, à titre de préciput et hors part, des immeubles d'une valeur de plus de 60,000 fr., et une somme de 30,000 fr. en espèces.

§ III.

Par un acte notarié du 16 juillet 1826, M. Auguste Dornier, encore mineur, avait acquis des époux Rossigneux une maison située à Pesmes, moyennant une somme de 20,000 fr. sur laquelle il n'avait pas payé le plus léger à-compte.

C'était la maison que sa mère lui avait conseillé de ne pas acheter, par la lettre du 15 mai 1826, dont nous avons cité quelques passages à la page 53 ; et il y a tout lieu de supposer que cette acquisition avait eu lieu à l'insu de Mme Dornier.

En effet, par un acte sous seing privé du même jour, 16 juilllet 1826, M. Auguste Dornier avait chargé sa mère d'acheter pour lui, avec promesse de rapporter sa ratification, de M. et Mme Rossigneux, plusieurs pièces de vigne sises sur le territoire de Pesmes, moyennant le prix de 20,000 francs.

Trois mois après, M. Auguste Dornier ratifia cette acquisition par un acte sous seing privé du 21 octobre 1826 , et qui est ainsi conçu :

« Je soussigné, Auguste-Jean-Baptiste Dornier, présentement majeur, propriétaire, demeurant à Pesmes, après avoir pris lecture et communication d'un acte sous seing privé, en date du 16 juillet 1826, par lequel Mme Catherine Rochet, ma mère, veuve de M. Dornier, par le fait de son mandataire a acquis, en mon nom, en se faisant fort de moi, et en promettant ma ratification, plusieurs pièces de vigne situees sur Sauvigney-les-Pesmes, de M. François-Joseph-Bernard Rossigneux, ladite acquisition faite pour le prix de 20,000 francs, payables aux époques indiquées dans ledit acte, et sous les clauses et conditions y énoncées,

» Déclare approuver, confirmer et ratifier ladite acquisition dans toutes les dispositions qu'elle renferme, consentant qu'elle soit exécutée à mon égard comme si j'y avais paru et stipulé en majorité.

» Fait à Pesmes, ce 21 octobre 1826. *Signé* A. DORNIER. »

Il paraît que les deux actes sous seing privé du 16 juillet et du 21 octobre 1826 n'avaient pas été enregistrés ; de sorte qu'à l'égard des tiers, Auguste Dornier ne se trouvait pas légalement saisi de la propriété des immeubles qui en étaient l'objet.

Du reste, aucun paiement n'avait été effectué sur le prix des vignes, pas plus que sur celui de la maison. Il fallait trouver le moyen de les faire acquitter par sa mère, sans exiger d'elle la remise immédiate d'une somme assez importante, au sujet de laquelle on aurait pu éprouver quelques difficultés.

Sans doute, il était beaucoup plus facile, dans la situation déplorable où elle se trouvait, par suite de l'accident grave qu'elle avait éprouvé au mois de mai 1827, de lui faire signer quelques actes dont elle était hors d'état de comprendre la portée, et qui auraient le même résultat en faveur de M. Auguste Dornier.

Voici le plan qui fut exécuté le 1ᵉʳ septembre 1827; et peut-être ne trouverait-on pas dans les fastes judiciaires un exemple semblable.

Trois actes qui avaient dû nécessairement être rédigés d'avance, furent présentés à la signature de Mme Dornier.

Par l'un, M. Auguste Dornier, *stipulant en son nom personnel*, vend à sa mère la maison qu'il avait acquise des époux Rossigneux.

A la suite des stipulations usitées dans les contrats de vente, l'acte s'exprime ainsi au sujet du prix :

« Et en outre, cette vente est faite pour le prix de 20,000 fr. en numéraire, que M. Dornier indique à Mme sa mère de, à son acquit et décharge, payer à M. et Mme Rossigneux, en leur domicile à Dijon, pour prix principal de la propre acquisition, ci-devant relatée de ce premier, en deux termes égaux dont le premier écherra le 1ᵉʳ avril 1831, et le dernier à pareil jour 1832, avec intérêts à 5 0/0 sans retenue, *à partir du 1ᵉʳ avril 1827*, lesquels seront payables d'année en année, et diminueront, dans la proportion du premier terme, lorsqu'il sera effectué, aux peines de droit. »

Il y a quelque chose de vraiment bizarre, en présence des actes *simultanés* que le notaire allait faire immédiatement signer à Mme Dornier, à ajouter ici la clause suivant :

« Madame Dornier fera transcrire, si bon lui semble, le présent contrat au bureau des hypothèques de Gray; et s'il y a ou s'il survient des inscriptions, du chef de M. et Mme Rossigneux, ainsi que des père et mère de ce premier, M. Dornier leur en demandera les certificats de radiation, qu'ils seront obligés de rapporter à première demande, dans l'acte du 16 juillet 1826. S'il en existe, ou s'il en survient contre M. Dornier, il s'engage de les faire rayer de suite. »

Par le second acte, M Auguste Dornier, stipulant *aux noms et comme mandataire de M. et Mme Rossigneux*, en vertu de leur procuration spéciale à cet effet, vend à sa mère les diverses pièces de vigne par lui acquises le 16 juillet 1826, mais dont la propriété ne se trouvait pas régulièrement établie sur sa tête, à défaut d'un contrat de vente authentique, ou d'un acte sous seing privé enregistré.

Sauf la désignation des objets vendus, qui exigeait ici plus de détails, à cause du grand nombre de pièces de vigne qui étaient l'objet du contrat, on y trouve la même stipulation, relativement au prix que Mme Dornier s'oblige à payer directement aux prétendus vendeurs, toujours avec les intérêts, à compter du 1ᵉʳ *avril* 1827, antérieurement à la vente.

Seulement, on s'est abstenu d'y reproduire la clause relative à la transcription.

Mais le troisième acte qu'on a fait souscrire, en même temps, à Mme Dornier doit particulièrement fixer l'attention des magistrats, d'autant que c'est celui dont la nullité est demandée.

On y fait comparaître Mme Dornier.

« Laquelle (est-il dit dans l'acte), *saine d'esprit*, a donné entre vifs, irrévocablement, *par préciput et hors part*, avec promesse *d'affranchir de tous priviléges ainsi que de toutes dettes et hypothèques*, à M. Jean-Baptiste Dornier son fils, propriétaire demeurant à Pesmes, ici présent, acceptant et reconnaissant :

» 1° Une maison de maître située au dessus de Pesmes, consistant, etc. ;

» 2° Une pièce de vigne ci-après désignée, savoir, etc.

» Par actes reçus du notaire soussigné le *présent jour*, qui seront enregistrés avant celui-ci (en effet il résulte de la mention qui se trouve au bas des minutes, que les deux actes de vente ont été enregistrés aux cases 1, 2, 3, 4, 5 et 6 du registre, et l'acte de dona-

8

tion, aux cases 7 et 9 *le même jour, 6 septembre ;* et tous sur le verso du folio 5), Mme Dornier a acquis : 1° la maison et ses dépendances de mondit sieur Dornier donataire, qui les avait lui-même achetées, suivant un acte reçu du même notaire, les 16 juillet 1826, de M. et Mme Rossigneux... Et les vignes de mondit sieur François Bernard Rossigneux et de son épouse, entre les mains desquels la propriété n'a pas été établie, faute de renseignements.

» M. Dornier jouira des biens donnés, à compter de ce jour jusqu'à sa mort, s'il prédécède Mme Dornier sa mère ; et il n'en disposera en pleine propriété *qu'à compter du décès de celle-ci, s'il lui survit.* A cet effet, Mme Dornier consent tous désistements et dessaisissements nécessaires à son profit.

» Les conditions de cette donation, qui, comme on vient de le voir, *n'aura son effet, quant à la pleine propriété,* que dans le cas où le donataire survivrait à Madame sa mère, sont :

» 3° Que le donataire prendra les bâtiments dans leur état actuel, etc.

» 4° Qu'il entretiendra en bon état les biens donnés et leur procurera, *pendant la durée de la condition suspensive ci-dessus,* les réparations auxquelles sont ordinairement assujettis les usufruitiers, même les grosses réparations s'il en survient.

» 5° Et que pendant la même durée, il acquittera les contributions quelconques.

» Au surplus ladite donation a été faite pour preuve de la tendresse que Mme Dornier porte au donateur, et parce que telle est la volonté de cette première.

» Dont acte fait, lu et passé aux forges de Pesmes, chez Mme Dornier, l'an 1827, le 1er septembre, en présence du sieur Pierre Richard, conducteur de voitures, demeurant à Gray, et François Gibot, charpentier, demeurant à Igny, témoins qui ont signé avec les parties et ledit notaire. »

Les réflexions se présentent en foule à la lecture de cet acte, surtout lorsqu'on songe à l'état physique et moral de la mère de famille, à laquelle on venait demander à la fois trois signatures, sur son lit de douleur.

Est-il jamais arrivé, on le demande à tous ceux qui exercent la profession de notaire, de faire concourir simultanément deux opérations de cette nature : vente par le propriétaire d'un immeuble à un tiers, et donation par celui-ci au vendeur lui-même de l'immeuble qu'il vient de lui acheter?

Si le contrat est parfait, entre les parties, au moment même où elles y ont apposé leurs signatures, la loi exige des formalités indispensables pour que la propriété soit légalement transférée à l'égard des tiers : d'abord l'enregistrement, ensuite la transcription de l'acte ; de sorte qu'on se trouve ici dans cette situation étrange, que le *dessaisissement* de la propriété s'opère par l'effet de la donation entre vifs, avant même que le donateur s'en trouve lui-même définitivement saisi.

Que signifie, dans cette position respective du donateur et du donataire, l'obligation qu'on impose au premier d'affranchir l'immeuble de tous priviléges, ainsi que de toutes dettes et hypothèques qui pourraient le grever?

Est-ce qu'il pouvait exister, du chef de Mme Dornier, quelques charges sur des immeubles dont elle n'avait pas été un seul instant propriétaire?

On conçoit l'obligation contractée à cet égard par Auguste Dornier, dans les actes où il figurait comme vendeur. Mais relativement à lui, et lorsqu'il devenait instantanément propriétaire, à titre de donataire, des immeubles qui lui appartenaient, une minute avant, comme acquéreur, la stipulation d'une telle clause imposée à sa mère était un non sens et une véritable absurdité.

Il paraît du reste que, pour la perpétration d'actes aussi étranges, on avait cru devoir s'abstenir, même du concours de simples ouvriers de l'usine, comme on l'avait fait dans la donation au profit de M. Fanfinet Dornier. Le notaire est assisté de deux témoins étrangers à la commune, auxquels sans doute on n'avait pas donné le secret de la singulière comédie à laquelle on les faisait assister.

Une circonstance postérieure à l'acte doit être signalée à l'attention du tribunal, d'autant qu'elle suffirait seule pour en faire prononcer la nullité.

D'après les divers passages que nous avons cités, la donation était faite sous une condition *suspensive* : la propriété des immeubles qui en étaient l'objet ne devait être définitivement acquise à Auguste Dornier *qu'après le décès de sa mère*, et dans le cas où il lui survivrait.

Jusqu'alors, ses obligations et ses droits étaient ceux d'un simple usufruitier, ainsi que le dit la donation, de la manière la plus formelle.

Or, qu'est-il arrivé? Dès l'interdiction prononcée, et lorsque sa mère vivait encore (on sait qu'elle n'est décédée qu'en 1844), M. Auguste Dornier s'est considéré comme irrévocablement et définitivement propriétaire des biens compris dans la donation, puisqu'il les a vendus.

Ce fait constitue une infraction grave de la loi du contrat, et suffirait pour en faire prononcer l'annulation ou la révocation, d'après les articles 953 et 1180 du Code civil.

Mais cette violation de l'acte dont il avait lui-même réglé les conditions, présente surtout quelque chose d'affligeant, sous le point de vue moral.

Il explique pourquoi M. Auguste Dornier avait mis tant de persistance à acheter la maison Rossigneux, malgré les sages conseils de sa mère. C'était pour être toujours en mesure de profiter des moments favorables, afin d'obtenir d'elle de nouvelles concessions.

Mais lorsque l'interdiction prononcée par la justice eut frappé la mère de famille d'une incapacité légale, dont il n'était plus possible d'abuser, Auguste, oubliant que, dans de telles circonstances surtout, un enfant dévoué doit prouver par ses soins et sa sollicitude l'affection qu'il porte aux auteurs de ses jours, s'empressa de vendre la maison qu'il possédait à Pesmes.

C'en est assez au sujet de cet acte, dont le tribunal n'hésitera pas, sans doute, à prononcer l'annulation.

§ IV.

Les actes dont nous allons nous occuper se distinguent de ceux sur lesquels nous avons déjà appelé les investigations de la justice, en ce qu'ils ne présentent rien d'étrange dans les circonstances qui les ont accompagnés ; et en ce que les témoins qui y figurent appartiennent à la classe de la société avec laquelle la famille Dornier se trouve naturellement en rapport.

Ce qui les frappe d'une juste suspicion, et déterminera sans doute le tribunal à les annuler, par application des articles 503 et 504 du Code civil, c'est la date à laquelle ils ont été passés (février 1832), dans l'année qui a immédiatement précédé la demande en interdiction.

Le 14 de ce mois, le notaire de Pesmes, M. Courbet, se présente chez Mme Dornier et reçoit un acte ainsi conçu :

« Laquelle a, par ces présentes, déclaré, en considération du mariage que M. Jean-Baptiste-Auguste Dornier, son fils, propriétaire demeurant à Pesmes, se propose de contracter avec Mlle Louise Gilberte-Marie de Montrichard, faire donation entre vifs, parfaite et irrévocable, à mondit sieur Dornier, son fils, à *titre de préciput et hors part*, de la somme numéraire de trente mille francs, dont il fera le prélèvement sur les biens de ladite dame donatrice, lors de l'avénement de son décès seulement ; et de laquelle somme ladite dame promet et s'oblige de payer les intérêts annuels, à 5 0/0, sans retenue, à courir du jour de la célébration dudit mariage, et dont le premier paiement sera effectué un an après le jour de la susdite célébration, pour continuer d'être ainsi payés, d'année en année, jusqu'au décès de ladite dame, et en la demeure de ladite dame.

» A déclaré de plus, Mme Dornier, comparante, constituer, par ces présentes, pour son mandataire spécial, M. Pierre-Marie-Jean-Baptiste Bridan, avocat, demeurent à Gray, présent et acceptant, auquel ladite dame donne pouvoir de, pour elle et en son nom,

» 1° Paraître au contrat de mariage qui doit se passer entre ledit sieur Dornier et la demoiselle Montrichard, à l'effet d'y faire consigner que Mme Dornier entend instituer contractuellement mondit sieur

Dornier, son fils, dans une part et portion des biens qu'elle laissera à son décès, égale à celle de ses autres enfants, sans préjudicier à l'effet de la donation précipuaire, dont il est parlé ci-dessus, en faveur de mondit sieur Auguste Dornier, son fils ;

» 2° Confirmer même au besoin, dans le contrat de mariage à passer, la susdite donation précipuaire. »

L'acte est passé en présence de M. Antoine Guemard, directeur des forges de Pesmes, et de M. Oudot, propriétaire.

Le 19 du même mois de février, le contrat réglant les conditions civiles du mariage eut lieu à Rigny, chez Mme de Montrichard, en l'absence de Mme Dornier.

Voici ce que portent les articles 2 et 3 de ce contrat :

« Art. 2. M. Dornier se marie dans ses biens paternels échus et dans ceux qui lui ont été donnés par madame sa mère.

» Ils consistent : 1° en meubles, linge et ustensiles de ménage, chevaux, voitures, provisions, cuves et tonnes, d'une valeur de 15,000 francs ; 2° une somme de 120,000 francs tant en argent comptant qu'en bonnes créances ; 3° une somme de 30,000 francs, à lui donnée par préciput par madame sa mère, suivant acte de M° Courbet, notaire à Pesmes, laquelle somme ne sera toutefois exigible qu'à l'époque du décès de Mme Dornier, avec intérêt jusqu'alors ; 4° ses armes et sa bibliothèque ; les linges, hardes et bijoux à son usage.

» Art. 3. M. Pierre-Marie-Jean-Baptiste Bridan, avocat, demeurant à Gray,

» Au nom et comme mandataire de Mme veuve Dornier, mère du futur, suivant la procuration, etc.,

» 1° Confirme au besoin la donation de 30,000 francs que Mme Dornier a faite par préciput au futur époux, dans l'acte précité du 12 février 1832, à condition que cette somme ne sera exigible qu'à l'époque du décès de Mme Dornier, avec intérêts, d'année en année, à 5 0/0 par an, à partir de demain, ce que M. Dornier accepte. En conséquence, M. Bridan, audit nom, renouvelle, s'il est nécessaire, cette donation, et constitue dès à présent Mme Dornier débitrice de la somme donnée, dont l'exigibilité est renvoyée à l'époque ci-dessus fixée.

» 2° Institue contractuellement le futur dans une part des biens, meubles et immeubles, que délaissera Mme Dornier, sa mère, et dont elle n'a pas disposé jusqu'à ce jour, égale à celle des autres enfants de Mme Dornier. »

Ces actes doivent donner lieu à un petit nombre d'observations, de notre part.

Et d'abord, nous ne nous dissimulerons pas la faveur qui s'attache, en général, aux donations faites par contrat de mariage.

Mais on ne saurait contester, non plus, que pour faire valablement de telles donations, comme celles qui ont lieu dans des circonstances ordinaires, il faut être *sain d'esprit*.

Or, nous ne faisons que proclamer un fait de notoriété publique, un fait judiciairement constaté, en affirmant qu'au mois de février 1832, date de la donation et du contrat de mariage qui la confirme, Mme Dornier ne jouissait pas de ses facultés intellectuelles.

Les membres de la famille qui ont provoqué l'interdiction (trois fils et deux gendres) exposent dans leur requête que *depuis plusieurs années* Mme Dornier a éprouvé un dérangement total dans ses facultés.

Les dix premiers faits qu'ils articulent, pour justifier leur demande, remontent non seulement à l'année 1832, mais aux années 1831 et 1830 ; de sorte qu'à la première de ces dates surtout, les causes de l'interdiction existaient, avec la même intensité qu'à l'époque où elle a été prononcée.

Enfin le tribunal a cru pouvoir se dispenser d'ordonner une enquête sur ces faits, parce qu'il s'est convaincu par les nombreux interrogatoires qu'il a fait subir a la défenderesse, de l'urgence et de la nécessité de la mesure provoquée contre elle.

Jamais, sans doute, on ne se présenta dans des circonstances plus favorables, pour demander l'annulation d'un acte antérieur à l'interdiction, par application des articles 503 et 504 du Code civil.

Ajoutons, que quoique la libéralité exercée à cette époque en faveur d'Auguste Dornier ne soit pas excessive par elle-même, on ne peut la considérer comme le résultat d'une volonté libre et éclairée, si l'on se rappelle, d'une part, que Mme Dornier avait toujours manifesté l'intention de maintenir l'égalité entre ses enfants ; d'autre part, qu'elle avait déjà disposé de sommes ou valeurs importantes, en faveur d'Auguste, ainsi que nous l'établirons dans la troisième partie de ce mémoire; et que notamment elle lui avait donné, peu de temps auparavant (le 1er septembre 1827), la maison et les vignes provenant des époux Rossigneux.

Une circonstance utile à faire remarquer, c'est que dans l'énumération de ses apports, faite avec tant de détails, dans son contrat de mariage, Auguste Dornier se garde bien d'indiquer la maison et les vignes dont il était cependant propriétaire depuis près de cinq ans; sans doute parce qu'il ne voulait pas que les parents et amis présents au contrat eussent connaissance de l'acte de donation clandestinement obtenu de sa mère.

Il convient, en terminant, de signaler les résultats différents que doit produire l'annulation de ce dernier acte et celui de la donation de 30,000 francs.

Si, comme nous avons tout lieu de l'espérer, le tribunal annule la donation du 1er septembre 1827, il condamnera Auguste Dornier à rapporter à la masse les biens immeubles qui en étaient l'objet, ou leur valeur, d'après une estimation, avec restitution de fruits ou d'intérêts ; ainsi qu'il l'ordonnera relativement à Fanfinet Dornier, en prononçant la nullité de la donation des bois de Dampierre.

Un rapport à la masse, tel est toujours l'effet légal de l'annulation d'un acte de libéralité qui a saisi le donataire à titre de préciput ou hors part. Les tribunaux jugent, par là, que l'objet dont le défunt avait illégalement disposé doit être considéré comme faisant toujours partie de la succession; et ils l'y font rentrer, au moyen d'un rapport réel ou fictif, afin qu'il soit compris dans la masse à partager entre tous les héritiers.

Ce n'est pas ainsi qu'il doit être procédé, relativement à la somme de 30,000 fr., qui était l'objet de la donation de 1832.

C'est seulement après la mort de la mère commune que M. Auguste Dornier devait effectuer le prélèvement de cette somme sur sa succession. Il y a donc lieu, par le tribunal, à décider que ce prélèvement ne sera pas effectué (à moins qu'il n'ait été déjà fait, auquel cas le rapport devrait être ordonné), et à condamner seulement M. Auguste Dornier à faire rapport des intérêts qu'il a touchés depuis le mois de février 1832.

Ici se terminent l'exposé des faits et la discussion, sur les actes de libéralité que deux enfants s'étaient fait consentir à titre de préciput et hors part.

Dans la dernière partie de ce mémoire, nous allons parler des rapports auxquels sont tenus les divers héritiers de Mme Dornier ; MM. Fanfan et Auguste Dornier y figureront, comme les autres, pour les sommes et valeurs qu'ils ont reçues de la mère commune.

TROISIÈME PARTIE.

Rapports à faire par plusieurs des héritiers

Avant d'entrer dans des détails de chiffres, nous éprouvons le besoin d'indiquer au tribunal en quoi consiste cette dernière partie de notre travail, et ce qui reste encore à faire pour le compléter.

§ Ier.

Il s'agit d'exécuter la disposition des jugements du 1er août 1844 et du 22 juillet 1846, d'après lesquels les opérations relatives à la succession de Mme Dornier doivent être terminées par l'établissement des rapports auxquels peuvent être tenus plusieurs des successibles.

Disons mieux, il s'agit d'appliquer l'article 843 du Code civil, qui consacre un principe de droit, en même temps qu'une règle d'équité, en obligeant tout héritier venant à une succession à rapporter à ses cohéritiers tout ce qu'il a reçu du défunt, par donation entre vifs, directement ou indirectement.

9

Bien que l'article ne parle que des choses *données*, il est incontestable que le rapport est dû, et, à bien plus forte raison, pour toutes les sommes que l'un des successibles a reçues à titre d'*avance ou de prêt*. Seulement, dans ce dernier cas, c'est moins comme *héritier* que comme *débiteur* qu'il est tenu au payement des sommes dont la remise lui avait été faite par l'auteur commun. Il s'agit, en réalité, d'une partie de l'actif de la succession qui, au moment du décès, se trouve être entre les mains de tiers, et qui doit rentrer à la masse, pour être partagée entre tous les intéressés.

Les sommes qui doivent être l'objet d'un rapport, ou plutôt qui doivent rentrer dans la succession de Mme Dornier, afin de compléter les opérations de liquidation et de partage, se divisent en deux catégories.

À l'égard de plusieurs de ces sommes (et malheureusement il y a tout lieu de présumer que ce ne sont pas les plus importantes), la remise qui en a été faite à tel ou tel des enfants se trouve constatée, à sa date, dans les livres tenus à l'usine de Pesmes; et comme ces livres, qui sont l'œuvre de tiers désintéressés, agissant d'ailleurs sous la surveillance de la mère de famille, doivent nécessairement faire foi à l'égard de ses enfants qui la représentent, il y a tout lieu de présumer qu'aucun d'eux ne récusera leur témoignage, relativement aux sommes dont ils le constituent débiteur, ou dont Mme Dornier aurait disposé en sa faveur, à titre de libéralité.

D'un autre côté, quelques-uns des enfants se sont approprié des capitaux considérables ou des valeurs de portefeuille appartenant à la mère commune, par des moyens que nous nous abstenons de qualifier.

Ces faits sont de la nature de ceux qui ne laissent d'ordinaire aucune trace; et le long espace de temps qui s'est écoulé depuis, en rendrait aujourd'hui la preuve d'autant plus difficile, que les témoins qui auraient pu en déposer sont morts dans l'intervalle.

Mais ces confidences, des aveux ont été faits à ce sujet à plusieurs membres de la famille. Tel des enfants a pu déclarer qu'il tiendrait compte à ses frères et sœurs des sommes et valeurs qu'il s'était ppliquées, si ceux qui ont pris part comme lui à cette sorte de nain-mise sur la fortune de la mère de famille étaient décidés à uivre son exemple.

Les spoliateurs se sont même accusés quelquefois les uns les autres. l peut arriver que l'intérêt divise plus tard ceux qu'il avait d'abord éunis, et que du choc des récriminations réciproques jaillisse nfin la vérité.

Sur ce point, nous nous bornerons à quelques indications; et peut-tre les explications qu'elles provoqueront permettront-elles aux nagistrats de savoir comment un capital disponible de plus de deux nillions, *qui devait nécessairement exister entre les mains de Mme Dor-ier,* s'est trouvé réduit, lors de son interdiction, à la somme de 25,000 fr ; ou plutôt, comment un actif aussi considérable était rem-placé par un passif en 1833; car on sait qu'il existait alors pour 00,000 fr. de dettes.

Quant à présent, nous ne mettons à la charge de chacun des éritiers que les sommes inscrites sur les livres, comme lui ayant té prêtées ou données par Mme Dornier; car, d'après l'observation ue nous venons de faire, il a paru inutile de distinguer les remises e fonds qui ont eu lieu comme prêts ou comme libéralités.

Toutefois, le dépouillement des livres et registres n'a pu être fait 'une manière complète ; ce n'est que comme un état provisoire de ituation, à l'égard des divers intéressés, qu'on va présenter relati-nent à chacun d'eux le détail des sommes dont il est tenu de faire e rapport.

Il sera indispensable, pour rendre bonne justice aux parties, que e tribunal charge des hommes experts en comptabilité d'établir, 'après les livres et registres de Mme Dornier, le compte particu-ier de chacun des enfants, par doit et avoir, afin de fixer. autant u moins que le permettront les écritures, qui ne paraissent pas voir été toujours tenues avec une parfaite régularité, l'importance es sommes dont chacun doit effectuer le rapport ou le versement, oit comme donataire, soit comme débiteur.

§ II.

I. — Rapports à faire par M. Dornier puîné (dit Fanfinet).

1° D'après le livre-journal B, f. 31 (16 juillet 1822), compté par Morniotte, en espèces. . . . .   478 fr. 40

Id., fol. 140 (31 décembre 1824). Pour double emploi d'un effet, au 1er décembre, soldant la coupe des bois de Dampierre, ordinaire 1824, appliqué une deuxième fois à la coupe du même bois, ordinaire de 1825. . . . . , . .   5,216   »

Journal dit *brouillard*, fol. 38 bis (30 avril 1830). Doit à compte de fer, pour sept pièces de fer pesant 324 kil. à 600 fr. le mille.   194   40

Livre particulier de 1830, fol. 44. Au débit des 1er août 1831, 1er février et 4 août 1833, à chaque date pour six mois d'amodiation du bois de Dampierre.. . . . . 32,500 fr.

Au crédit, 26,000 fr., dont le dernier payement est du 20 août 1833, sur M. Dufournel. 26,100

Débiteur pour cet objet. . . . . . . 6,500 fr. ci. 6,500   »

A la date du 13 août 1832, il est dit, pour autant qu'il a dit avoir remis, en espèces, à sa mère 4,522 fr. 25 c. (Le versement de cette somme n'étant constaté en aucune manière, il y a lieu à en débiter Dornier puîné)   4,522   25

Total à rapporter d'après les livres. . . . .   16,911 fr. 05

2° D'après les actes et la correspondance.

Une lettre de Mme Dornier, du 29 septembre 1811, et la correspondance de M. Dornier puîné avec sa mère, établissent que cette dernière a payé pour son

compte et celui de M. Philippe Dornier dont il a hé-
rité une somme de. . . . . 30,000 »

Pour le quart réservé par la loi à Mme Dornier,
dans la succession de son fils Philippe, mort en 1817,
et qui a été recueillie tout entière par M. Dornier
puîné. . . . . 40,000 »

Pour une portion indûment perçue par M. Dornier
puîné dans la succession de son frère Victor. . . . 15,000 »

Pour la portion lui revenant dans cette même succession, mais dont il avait profité, après l'avoir
vendue à sa mère (voir la lettre de Fanfan Dornier
du 16 janvier 1821) . . . . 15,000 »

Total . . . . . 100,000 »

A ces deux sommes, s'élevant ensemble à. . . 116,911 fr. 05
il faut ajouter, si, comme il y a tout lieu de l'espérer,
le tribunal annule la donation des bois de Dampierre,
ainsi que la cession de l'usufruit que Mme Dornier
s'était réservé sur ces bois :

1° Pour la valeur des bois tels que les ont estimés en 1845 les experts nommés par le tribunal. . 521,000 »

2° Pour la différence, pendant quatorze années,
entre la somme de 13,000 fr. par lui payée (on
sait qu'il avait offert dans plusieurs de ses lettres la
somme annuelle de 15,000 fr.) et le produit moyen
de ces bois, au moins. . . . . 30,000 »

Ainsi, le total des sommes que M. Dornier puîné
doit rapporter à la masse, soit comme héritier, soit
comme débiteur de la succession, s'élève à. . . . 667,901 fr. 05

Nota. Des relations habituelles et assez importantes ont existé
entre Mme Dornier et son fils puîné.

Ce dernier lui achetait presque tous les ans des coupes de bois,
dont les prix étaient réglés en traites.

Les experts nommés par le tribunal auront à vérifier, d'après le rapprochement des divers comptes ouverts sur les livres, si toutes ces traites ont été acquittées à leur échéance.

A l'égard des bois de Dampierre que le sieur Dornier avait vendus à sa mère et qu'il s'est fait donner plus tard, les arbitres auront également à examiner si les sommes dont le paiement est constaté dans le livre-journal n'excèdent pas le prix porté au contrat.

II. — Rapports à faire par M. Joseph Dornier.

Grand-livre B., *fol.* 209 (31 décembre 1826).

Au crédit de Joseph, pour dépôt par lui remis directement à Mme Dornier, 60,000 fr.

L'entrée de cette somme n'est constatée en aucune façon par le livre de caisse, ce qui ne permet pas d'admettre la réalité du versement énoncé au grand-livre.

L'énonciation dont il s'agit a eu seulement pour objet de donner une cause apparente à la reconnaissance ou au bon de 60,000 fr. que Mme Dornier a souscrit au profit de son fils Joseph, dont il a touché les intérêts à 6 0/0 jusqu'en 1840.

Ce bon ayant été acquitté à cette époque, le montant doit en être rapporté par Joseph, ci. . . . .   60,000 f. » c.

Il doit, de plus, le rapport de treize années d'intérêts qu'il a indûment reçues   46,800   »

Nota. — Toute la famille le sait, et M. Joseph Dornier en est convenu lui-même, ce bon ou billet de 60,000 fr., avec intérêt, avait été souscrit à son profit, par sa mère, pour l'indemniser de la perte que Fanfinet lui aurait fait éprouver sur la vente de son bien.

Journal, folio 187.

21 juillet 1826, par Maillard Grosbas, pour intérêts au 1er août.   600   »

A reporter. . .   107,400   »

Report. . . 107,400   »

Id. fol. 222.

20 décembre 1827, 4 mois d'intérêt d'un capital de 20,000 fr., remboursé.   400   »

Ce capital ayant été remboursé le 20 septembre
1823 en mandats au 31 octobre suivant (journal
B, fol. 216), il n'y avait plus d'intérêts à payer
en 1826 et 1827.

Journal dit brouillard, fol. 113.

15 mars 1833, à Joseph, pour la pension échue
le 1ᵉʳ janvier et payée d'avance.   3,600   »

Id. fol. 214.

28 avril 1833, mandat sur Bertillot et Cᵉ, au
1ᵉʳ mai, pour cadeau de noces.   6,000   »

A ces diverses sommes, il convient d'ajouter
celle de 41,550 fr. qui a été déposée entre les
mains de M. Joseph Dornier, dans le cours de l'inventaire fait en 1833, à la requête de l'administrateur provisoire, nommé par le tribunal, et en
présence de plusieurs des héritiers   41,550   »

Total de la somme à rapporter par M. Joseph
Dornier.   158,950   »

III. — Rapport à faire par M. Auguste Dornier.

Journal B, folio 75 (3 juillet 1823).—Prix d'un
cheval à Auguste   825   »

Fol. 79 (25 du même mois). — Une voiture. .   835   »

A reporter. . . 1,660   »

Report. . .	1,660	»
Id. (4 août). — Espèces	1,352	90
Fol. 87 (26 septembre)	2,000	»
Fol. 97 (5 décembre)		
A lui compté sur son bien. . . . 1,500 f. Mandat sur Brot, même imputation 6,000	7,500	»

Nota. — Ces deux dernières sommes doivent être portées au débit d'Auguste, parce qu'elles ne viennent pas en imputation du prix des biens par lui vendus à sa mère, dans le compte qui se trouve établi au fol. 197 du livre-journal, sous la date du 26 novembre 1826.

Fol. 217 (20 octobre 1817). — Mandat sur Bernard et Brétillon	1,067	»
Fol. 243 (20 avril 1828).—Pour 600 kil. de fer.	100	»

Journal dit *brouillard.* — Fol. 29 (30 juillet 1828). — Compté à M. Auguste le montant de la rente annuelle que Mme Dornier lui alloue, suivant acte passé, le 16 juin dernier, devant Me Cornet, notaire. . . . . 3,000 »

Fol. 84 (5 janvier 1829). — Assurance pour Auguste. 32 50

Fol. 127 (30 avril 1829). — Payé à Auguste Dornier. . . . . 3,000 »

Fol. 47 *bis* (30 octobre). — En espèces . . . 1,300 »

Fol. 9 du journal (26 juin 1830). — Remise d'une traite de Dochoux et Lépine sur Auguste Dornier . . . . 246 »

Fol. 24 (30 août). — Remise d'espèces. . . . 2,000 »

Fol. 55 (22 janvier 1831). — Remise de 3 mandats sur Drevon, de 2,000 fr. chacun.. . . . . . 6,000 »

Fol. 88, 97, 107 et 119. — Emprunt national,

A reporter. . .	29,258	40

	Report. . .	29,258	40
pour Auguste.		3,000	»
Fol. 101 (22 août 1831). — Payé pour une montre		800	»
Fol. 102. — Mandat sur Auguste, payé par Mme Dornier.		1,440	»
Fol. 117 (12 novembre 1831). — Mandat à vue sur Marseille.		1,000	»
Fol. 124 (27 décembre). — Mandats sur Lyon.		6,000	»
Fol. 125 (5 février 1832). — Remis en espèces, par M. Dufournel, à Auguste, pour sa pension. .		3,000	»
Fol. 139 (1er mai). — Pour livraison de fonte.		421	05
Fol. 142 (27 mai). — Mandat de Grenier sur Auguste, que Mme Dornier a pris pour son compte		1,453	»
Fol. 161. — Barres de fer envoyées à Besançon, pour le compte d'Auguste Dornier		396	»
Fol. 164 (15 juillet). — Acquit d'un mandat..		476	»
Fol. 165 (17 juillet). — Traite sur Auguste et fourniture de bois		718	»
Fol. 172 (7 septembre). — Mandat de M. Dufournel sur Auguste		1,500	»
Fol. 182 (9 novembre). — A caisse, pour espèces		500	»
A Bertillot, mandat, ordre d'Auguste		2,500	»
Fol. 198 (31 janvier 1833). — Barres de fer. .		554	»
Fol. 205 (8 mars). — Compté à M. Picot, pour le compte d'Auguste		600	»
Fol. 216. — Fourniture de vin pour le même.		298	»
Montant des rapports résultant des livres.		58,914 f.	45 c.
	A reporter.	58,914	45

Report. . .   58,914   45

A cettesomme il convient d'ajouter : 1o la somme
de 30,000 fr. qui lui a été donnée par précipue
dans son contrat de mariage, ci   30,000   »

2° La restitution des intérêts qui lui ont été ser-
vis pendant 12 ans   18,000   »

Total.   106,914   45

Relativement à la maison et aux vignes provenant des époux
Rossigneux, vendues par Auguste Dornier à sa mère, le 1er septembre 1827, et dont celle-ci lui aurait fait *le même jour*, donation
par préciput ;

Comme ces propriétés ont été aliénées depuis, en totalité ou en
partie, par Auguste Dornier, ce qui ne lui permet pas de les rapporter en nature,

Le tribunal, en annulant cette étrange donation, condamnera Aug.
Dornier à rapporter à la masse la somme de 62,000 fr. payée par
Mme Dornier aux vendeurs originaires, avec les intérêts.

IV. — Rapports à faire par M. Louis Dornier.

Les livres mettent à sa charge les sommes suivantes :

Journal B, fol. 26 (7 juin 1822). — Un billet à lui souscrit par
Floret, au 28 juillet prochain. . . . .   3,000 fr.

Fol. 43 (16 octobre). — Pour divers effets et mandats.   5,000

Journal dit *brouillard*, fol. 28 *bis.* — Pour mandats,
ordre Louis Dornier, à valoir et à-compte du capital que
Mme Dornier lui doit   5,000

Nota. Nulle part, Louis Dornier n'est porté sur les
livres, comme créancier d'un capital quelconque ; il

A reporter. . .   13,000   »

Report 13,000

devrait, dès lors, présenter un titre pour justifier la cause indiquée à la délivrance des mandats.

Journal courant, fol. 84 (22 mai 1831). — Mandat sur Dufournel. 5,000

Total des rapports à effectuer par Louis Dornier. 18,000

V. — Rapports à faire par Mme de Légéas.

Les rapports à faire par Mme de Légéas doivent avoir pour objet les sommes qu'elle a reçues, en vertu des stipulations consignées dans son contrat de mariage, et celles dont les livres constatent la remise à son profit, à titre de prêt ou d'avance.

Voici ce que portent les art. 6, 7 et 8 du contrat de mariage, passé le 21 avril 1807, et dans lequel, comme on le sait, figuraient les père et mère de Mme Légéas :

« Art. 6. Pour tenir lieu à la demoiselle future épouse, de relâche, lesdits sieur et dame, ses père et mère, lui abandonnent jusqu'à partage, l'usufruit et jouissance de leur domaine rural, situé à Pressigny.

» Art. 7. Au décès du prémourant desdits sieur et dame Dornier, la jouissance promise par l'article précédent sera augmentée, en faveur de la future épouse, de la somme annuelle de 2,500 fr., qui lui sera payée par le survivant, tant qu'il restera en jouissance et possession des biens du prédécédé, à quelque titre qu'il la conserve ; en considération de quoi, la demoiselle future épouse renonce expressément au droit d'exiger partage dans les biens du prémourant de sesdits père et mère, avant cinq années qui suivront son décès.

Art. 8. Mesdits sieur et dame Dornier, père et mère, ont livré à la demoiselle future épouse, leur fille, tant en argent comptant qu'en meubles et effets composant son trousseau, jusqu'à la valeur de 5,000 fr., qui, de suite, ont été remis au futur époux, qui reconnaît les avoir en sa possession, dont il fait quittance, laquelle somme de 5,000 fr. sortira nature de biens anciens à la demoiselle future épouse. »

On ne fera ressortir des art. 6 et 7 aucune cause de rapport, à la charge de Mme Légéas, parce que l'avancement d'hoirie constaté par ces articles peut être considéré comme une convention matrimoniale, en considération de la renonciation de la future épouse à demander contre le survivant de ses père et mère le partage des biens du prédécédé, avant l'expiration de cinq ans, à compter du décès.

Par la même considération, on n'exigera pas le rapport, ni de la jouissance du domaine de Pressigny, qui paraît avoir été remplacée peu de temps après par une rente de 5,000 fr., ni des arrérages de cette rente ou de celle de 2,500 fr., jusqu'au partage de la succession de M. Dornier.

Mais il est constant (et les extraits des livres qu'on a sous les yeux en font foi) que depuis 1810, époque où le partage des biens de M. Dornier a été effectué entre tous les enfants, Mme Legeas a reçu de sa mère une rente annuelle de 3,000 fr., dont le service n'a cessé qu'à sa mort, c'est-à-dire en 1844.

Cette rente, qui n'a pas été constituée à titre de préciput, doit évidemment donner lieu à un rapport qui, pour les 34 ans pendant lesquelles la rente a été servie, s'élève à la somme de   102,000 f.   » c.

Il y a lieu aussi à rapporter la valeur du trousseau, soit pour la totalité, si la moitié n'a pas été rapportée à la succession de M. Dornier père, soit pour la moitié seulement dans le cas contraire, avec les intérêts à compter du décès pour. . . .   *Mémoire.*

Voici maintenant le détail des sommes dont M. et Mme Légéas sont constitués débiteurs par les livres :

Folio 424 du journal (12 août 1817). — Mandat

A reporter. . .   102,000

	Report. . .	102,000	
à l'ordre de M. Légéas		400	»
Folio 459 (4 juin 1820). — Mandat à l'ordre de M. Légéas		900	»
Folio id. (5 novembre).—Compté à Mme Légéas.		503	»
Journal B. (folio 30). — Compté à la même. .		2,000	»
Folio 44 *bis* (18 octobre 1829). — Mandat sur veuve Drevon, ordre Légéas (et dont M. Légéas a fourni son billet maintenant échu et encore en portefeuille)		8,000	»
Folios 166 et 198 (30 juillet 1822 et 31 janvier 1833). — Pour fourniture de fer.		1,266	36
Total des rapports à faire par Mme Légéas, sauf l'article tiré pour mémoire.		115,069	36

VI. — Rapport à faire par M. Camille Moine.

Livre B, folio 316 (9 janvier 1830). — Payé par Mme Dornier à M. Tramoy, pour le compte de M. Moine en capital et intérêts		6,621	35
Fol. 44 du journal courant (1er décembre 1830). — Envoyé à M. Gravier un mandat pour M. Moine		2,500	»
Fol. 59 (1er février 1831). — Payé à M. Tramoy pour M. Moine en capital et intérêts.		5,629	55
Fol. 83. — Mandat envoyé à M. Moine. . . .		2,512	50
Fol. 123 (et fol. 22 du livre particulier de 1830) (16 décembre 1831).—Payé à M. Tramoy pour le même.		5,348	»
Fol. 126 et 129 (7 janvier 1832). — Traites et remises à M. Moine sur son mobilier.		12,000	»
Payé par Mme Dornier à M. et Mme Gravier,			
	A reporter. . .	34,611	40

Report. . .   34,611   40

à l'acquit de M. Moine, le 31 décembre 1819. .   5,742   »

Nota. — Ce paiement est constaté par la quittance décrite dans l'inventaire de 1833, folio 79, verso.

Total des rapports à faire par M. Moine . . .   40,353   40

VII. — Rapports à faire par M. Guillaume.

A lui adressé en 1840 un mandat sur Paris de   15,000   »

VIII. — Rapport par M. Dornier aîné.

Fol. 475 du journal (5 septembre 1817). — Mandat sur Dunoyer, ordre Dornier aîné. . . .   4,000   »

En résumé, les rapports à effectuer par les divers héritiers, au nombre desquels ne figure pas Alfred Dornier, qui n'a rien reçu de sa mère, dépassent la somme de onze cent mille francs.

Et cette somme ne peut éprouver que de très-légères réductions, d'après les justifications qu'auront à fournir quelques-uns des héritiers, si, comme il y a tout lieu de l'espérer, le tribunal prononce l'annulation des donations que Fanfan et Auguste Dornier ont fait consentir en leur faveur, à titre de préciput et hors part, dans des circonstances que chacun est désormais à même d'apprécier.

§ III.

Les valeurs dont nous venons d'indiquer le chiffre, et qui se composent d'immeubles jusqu'à concurrence d'environ la moitié, sont bien loin de représenter les sommes qui devaient se trouver dans la caisse et le portefeuille de Mme Dornier.

Des capitaux bien autrement considérables ont été détournés; mais il est trop difficile d'en retrouver la trace; et sans reproduire les étranges récits qui ont circulé dans le public, nous nous bornerons à préciser deux faits matériels sur lesquels nous aurons à provoquer des explications, sauf à prendre plus tard l'une des voies que la loi indique, pour arriver à la découverte de la vérité.

Comme introduction à ces faits, qu'il nous soit permis de citer deux passages de l'inventaire dressé par M. Voilliard, notaire à Gray, dans l'intervalle du 20 juin au 24 août 1833, à la requête de l'administrateur provisoire nommé à Mme Dornier, pendant l'instance en interdiction et avec le concours de plusieurs des héritiers.

A l'ouverture de la séance du 24 juillet 1833, MM. Guillaume et Gravier exposent :

« Qu'il est de notoriété publique et qu'il résulte, en outre, des déclarations à eux faites par plusieurs des anciens régisseurs des forges de Pesmes, que Mme Dornier n'a jamais confondu les revenus de ses propriétes autres que les usines de Pesmes avec les produits de ces mêmes usines; qu'au contraire, elle en a constamment fait un objet de recettes à part, qu'elle ne permettait pas même de mentionner sur les livres dont la régie des forges de Pesmes exige la tenue ;

» Que le produit net desdites usines ayant toujours été plus que suffisant pour faire face à la dépense de la maison, les autres revenus, qui s'élèvent annuellement de soixante à cent mille francs, n'ont cessé de s'accumuler entre ses mains, de manière à lui créer un fonds de réserve d'autant plus considérable, qu'elle n'a pas fait d'acquisitions importantes qui aient pu l'obliger à y recourir ;

» Que sa disposition à entasser l'or et l'argent, sans s'inquiéter du préjudice que lui causait l'amortissement de ses capitaux, est connue non-seulement de toute sa famille, mais encore des personnes reçues chez elle habituellement ;

» Que l'on en trouve d'ailleurs la preuve dans cette circonstance, que récemment, et à force de représentations, ses gérants l'ont enfin décidée à se dessaisir d'une somme de 75,600 fr. prise sur sa réserve, dont l'envoi fut fait immédiatement, tant à M. Dufournel, banquier à Gray, qu'à Mme veuve Drevon-Dunoyer, de Dijon ; et que plus tard, *à la sollicitation de plusieurs des personnes qui l'entouraient et lui conseillaient de soustraire à l'inventaire ses capitaux réservés*, elle-même ignorant où elle les avait placés, elle consentit à laisser faire, *par ces mêmes personnes*, une recherche qui produisit la découverte de plusieurs sacs d'or et d'argent, disséminés pêle et mêle parmi les effets qui encombraient les meubles, *sacs qui furent d'abord cachés dans une citerne, puis retirés de là, pour être confiés à M. Joseph Dornier*, qui fut ainsi constitué dépositaire de la somme de 41,515 fr., dont il a été parlé dans une des précédentes vacations ;

» Que le sac de 11,877 fr. 10 c. en pièces d'or trouvé dans le cours de l'inventaire paraît avoir échappé à cette recherche, ce qui ne doit point étonner, si l'on considère combien l'endroit où il se trouvait était peu propre à y faire soupçonner son existence (ce sac était au fond d'un panier rempli rempli de linge sale), que Mme Dornier elle-même avait sans doute entièrement perdu de vue ;

» Qu'il est facile de se convaincre, si l'on tient compte de l'importance de ses revenus accumulés depuis le décès de M. Dornier père, qu'elle avait amassé un capital beaucoup plus considérable que ne l'est celui trouvé par la réunion des trois sommes dont on vient de parler ; et qu'il y a lieu de croire qu'il existe encore d'autres sommes cachées en son domicile, comme doivent s'y trouver ses bijoux et parures, dont aucune trace n'a été découverte dans l'inventaire ;

» Que cette opinion est encore fortifiée par la connaissance qu'ont les exposants de l'achat à Paris, il y a environ douze ans, par Mme Dornier, pour le prix de douze à quinze cents francs, *d'une caisse à secret ou coffre-fort qui fut expédiée par le sieur Georges, serrurier-mécanicien à Paris, aux forges de Pesmes, où elle ne se trouve plus* ;

» Que le défaut absolu de mémoire dont est actuellement frappée Mme Dornier rend presque inévitable la perte des valeurs qu'elle aurait cachées, si elles ne sont promptement découvertes ; que c'est le cas, dès lors, de se livrer à une recherche exacte et rigoureuse qui n'a pu avoir lieu que très-imparfaitement, dans le cours de l'inventaire, les meubles et effets n'ayant pas même été déplacés, dans la crainte, témoignée par M. Colin (l'administrateur provisoire), que Mme Dornier ne s'en aperçût, à son retour chez elle.

» En conséquence, et par ces motifs, les exposants ont demandé, qu'en présence des notaires et témoins soussignés et des parties figurant dans cet inventaire, il fût incontinent procédé à une perquisition dans toutes les parties du domicile de Mme Dornier, afin de découvrir les sommes et valeurs qui peuvent s'y trouver cachées, et que les résultats de cette opération fussent constatés par M. Voilliard. »

On trouve dans cet exposé la révélation de deux faits graves, et sur lesquels on obtiendra peut-être quelques explications dans le cours des débats.

Le premier est relatif à l'existence de ce coffre-fort, dont l'achat à Paris par Mme Dornier ne saurait être révoqué en doute, d'après les renseignements si précis donnés par MM. Guillaume et Gravier ; il ne se trouvait plus dans son domicile en 1833, ainsi que cela résulte de la déclaration que l'on vient de transcrire, et qui ne fut contredite par personne, et de l'inventaire lui-même, dans lequel le coffre-fort n'est pas compris.

Ce meuble n'est pas de ceux que l'infidélité d'un domestique pourrait faire disparaître; il a nécessairement dû frapper l'attention de ceux des enfants Dornier qui fréquentaient habituellement la maison de leur mère; mieux que personne ils pourraient dire à quelle époque et dans quelles circonstances ce coffre-fort, destiné à enfermer les valeurs importantes que Mme Dornier avait à sa disposition, a été enlevé de la place qu'il occupait dans l'habitation de Pesmes.

Le second fait est celui des sommes tour à tour cachées et retrouvées, du moins en partie.

On se demande, d'abord, quelles étaient ces personnes qui avaient donné à Mme Dornier le conseil *de soustraire à l'inventaire ses capitaux réservés.*

11

Étaient-ce des étrangers ou des membres de la famille? Parmi ces derniers, faudrait-il désigner ceux qui avaient des motifs pour s'opposer à l'interdiction et qui s'étaient abstenus de paraître à l'inventaire?

Il y a ici une suite d'opérations dont il est difficile de bien se rendre compte, mais qu'on peut résumer en ces termes :

Mme Dornier autorise les personnes qui lui avaient donné ce conseil de le mettre elles-mêmes à exécution. Elles font des recherches qui produisent la découverte de *plusieurs sacs d'or et d'argent* disséminés pêle-mêle parmi les effets qui encombrent les meubles. Ces sacs sont d'abord cachés *au fond d'une citerne*, sans doute par les mêmes personnes qui les avaient cherchés et trouvés, et qui ne jugeaient pas convenable que des sommes considérables restassent en évidence; ensuite les sacs sont retirés de la citerne, vraisemblablement par ceux qui avaient choisi cette étrange cachette, que d'autres n'auraient pu deviner; et le dépôt en est effectué entre les mains de M. Joseph Dornier, jusqu'à concurrence de 41,500 francs.

Cette somme représente-t-elle tout ce que contenaient *plusieurs sacs remplis d'or et d'argent?* Il est bien permis d'en douter, lorsqu'on songe aux immenses revenus qui depuis plusieurs années avaient dû s'accumuler dans les mains de Mme Dornier.

Ce doute existait manifestement dans la pensée des deux membres de la famille qui avaient fait consigner sur le procès-verbal d'inventaire le dire que nous venons de rapporter ; et c'est parce que, dans leur opinion, les petites sommes retrouvées ou représentées jusque alors étaient de beaucoup inférieures aux capitaux que Mme Dornier devait avoir en caisse ou en portefeuille, qu'ils insistent pour qu'on procède à des recherches. Mais on ne pouvait guère espérer qu'elles auraient un résultat utile, à la suite de celles qu'avaient précédemment faites des personnes vivant dans l'intimité de Mme Dornier, et mieux instruites de ses habitudes.

En effet, sur la réquisition faite au notaire par MM. Guillaume et Gravier, il en fut référé à M. le président du tribunal de Gray, qui autorisa les perquisitions les plus rigoureuses, *sous la surveillance du notaire commis.*

Ces perquisitions durèrent pendant trois jours consécutifs, avec le concours des diverses parties qui assistaient à l'inventaire.

Elles n'eurent d'autre résultat que la découverte de quelques bijoux et pièces d'argenterie d'une valeur d'environ 1,200 fr.

A la vacation du 1er août (voir f° 156, *recto*, de l'inventaire), le notaire constate que de nouvelles recherches faites dans le bureau ont fait découvrir notamment :

« Un registre relié en carton et parchemin recouvert de papier vert, paraissant avoir été ouvert pour servir de grand-livre, et dont les trois premières pages seulement contiennent quelques écritures. Ce registre se termine par un répertoire alphabétique où se trouvent inscrits des noms en assez grand nombre, avec les numéros des pages où devaient se trouver les comptes ouverts aux personnes désignées dans ce répertoire. Mais on remarque que les premiers feuillets de ce registre avaient été cotés en chiffres, jusqu'au 22e inclusivement ; *et que de ces vingt-deux feuillets, il ne reste au registre que le dixième et le vingt-deuxième , sur lesquels existent les écritures dont on a parlé, les vingt autres feuillets ayant été enlevés* du registre, ainsi qu'il est facile de s'en apercevoir, par le vide que l'on y remarque, à la place des feuillets détachés et qui ont disparu. Il est à remarquer aussi que les numéros des pages auxquels renvoie le répertoire ne s'élèvent pas au-delà du nombre vingt-deux. Ce registre a été inventorié seul sous la cote 125, inscrite sur le premier feuillet et paraphée par M⁰ Voilliard.

» Les parties ont demandé qu'il fût constaté aux présentes que les seuls inventaires trouvés au susdit domicile sont ceux des années 1827, 1828, 1829, 1830, 1831 et 1833.

» Elles déclarent qu'elles ont remarqué beaucoup d'irrégularités dans la tenue des livres ; que, notamment, *il y a eu de longues interruptions dans la tenue du livre de caisse.* »

La lacération de vingt feuillets dans un registre est un fait d'une grande gravité ; d'autant qu'il ne serait pas raisonnable de l'imputer au préposé chargé de la tenue des registres. C'est une de ces actions coupables que l'intérêt personnel seul peut, sinon justifier, du moins expliquer.

Il est fâcheux qu'on n'ait pas constaté, au moyen du répertoire qui se trouve à la fin du registre, le nom des personnes auxquelles des comptes avaient été ouverts sur les feuillets lacérés. Du reste, on peut s'édifier à cet égard, puisque ce registre, coté et paraphé par l'officier public, est toujours à la disposition des parties intéressées.

L'absence de l'inventaire de janvier 1832, celui qui a immédiatement précédé la demande en interdiction, et pendant lequel il a été si facile d'abuser de la faiblesse d'esprit de Mme Dornier, est aussi un fait regrettable ; quoique les inventaires, étant spécialement relatifs à l'usine de Pesmes, ne puissent présenter que des documents incomplets sur la situation de la mère de famille, relativemeut aux sommes importantes qu'elle touchait tous les ans du fermage ou de l'exploitation de ses autres immeubles.

Ce qu'il y a de plus fâcheux encore, ce sont les interruptions signalées dans la tenue du livre de caisse. Ce livre, qui ne saurait mentir, puisqu'il ne constate qu'un fait matériel, l'importance des valeurs de toute nature qui entrent dars la caisse ou dans le portefeuille, ou qui en sortent, sert de contrôle à tous les autres livres d'une maison de commerce.

Et, par exemple, si l'on énonce mensongèrement au registre-journal qu'une somme a été payée ou reçue, l'inexactitude d'une telle énonciation est manifeste, quand le livre de caisse ne constate pas lui-même la sortie ou l'entrée de cette somme.

Quoi qu'il en soit, des faits de la nature de ceux dont on vient de rendre compte durent inspirer de graves soupçons aux parties présentes à l'inventaire (c'étaient seulement les membres de la famille qui avaient provoqué l'interdiction) sur la tenue régulière et la conservation des livres et écritures de l'usine de Pesmes. Peut-être quelques-uns d'entr'eux étaient-ils informés que, ainsi que le disait Mme Dornier dans sa correspondance, certains de ses enfants, se croyant d'avance maîtres de sa fortune, s'arrogeaient le droit de donner des ordres aux commis et préposés de l'usine.

En conséquence, dans la vacation du même jour, 1er août, on trouve un dire ainsi conçu (fo 151 de l'inventaire) :

« MM. Guillaume, Gravier, Jean-Charles Dornier et Talon, ont fait observer que le bureau où se trouvent aujourd'hui les papiers, livres et registres ci-dessus inventoriés, ne leur paraît pas offrir, pour la conservation de ces objets, sous la responsabilité de M. Colin, une garantie suffisante, attendu que ce bureau est établi dans l'intérieur de la maison de maître, loin de l'usine et du logement de M. Colin, et conséquemment hors de sa surveillance immédiate ;

» Que la maison de maître est inhabitée en ce moment ; et que quand même Mme Dornier y serait de retour, l'état dans lequel cette dame se trouve ne lui permettant pas à elle-même d'exercer une surveillance utile, il y aurait à craindre que quelques papiers ne fussent, par négligence, *ou à dessein, détournés ou altérés*, crainte qui se trouve suffisamment justifiée par l'enlèvement constaté ci-dessus de quelques feuillets du registre inventorié en dernier lieu.

» Par ces motifs, lesdites parties ont invité M. Colin (l'en requérant même au besoin) à faire transporter, soit dans son propre logement, soit dans le local le plus voisin, dont il aura seul la disposition, tous les papiers, livres et registres ci-dessus inventoriés, et dont il est établi gardien, sous sa responsabilité personnelle, pour en faire représentation quand et à qui il appartiendra. »

Nous terminons ce Mémoire, déjà trop étendu peut-être, en précisant les deux faits sur lesquels nous demandons des explications aux parties intéressées, sauf à les obtenir plus tard devant la justice.

1er *fait.* — Des recherches ont été faites, avant l'inventaire de 1833, du consentement de Mme Dornier, pour trouver les sommes qu'elle aurait cachées, et que la perte complète de sa mémoire ne lui permettait pas de retrouver. Quels sont ceux qui ont pris part à ces recherches ? Les ont-ils faites ensemble ou séparément ? Peuvent-ils affirmer qu'elles n'ont eu d'autre résultat que la découverte de la somme de 41,500 fr. placée d'abord au fond d'une citerne et qui depuis a été représentée à l'inventaire par l'un des héritiers ?

2ᵐᵉ *fait.* —A une époque rapprochée de la demande en interdiction, le portefeuille contenait, entre autres valeurs, six traites sur M. Drevon, s'élevant ensemble à 105,000 fr. Ces traites ont disparu sans qu'il en existe aucune trace sur les livres.

M. Colin, dont personne ne peut suspecter la loyauté, avait une clef de la caisse ; l'autre se trouvait entre les mains de Mme Dornier, dont on connaît la déplorable situation à cette époque.

L'un de ses enfants n'a-t-il pas obtenu d'elle la remise de cette clef, et peut-être son autorisation de disposer à son profit de ces 105,000 f. de traites ?

D'après des renseignements pris chez Mme Drevon, l'une des traites s'élevant à 30,000 fr., serait revêtue de l'acquit de M. Dornier, ce qui semblerait être une confirmation de la donation manuelle. Il n'y a eu d'ailleurs aucune entrée en caisse, ce qui prouve que ce n'est pas à elle qu'elle a été payée.

Une seconde traite serait rentrée entre les mains de M. Lepine, qui l'avait lui-même tirée à l'ordre de Mme Dornier pour se libérer d'autant envers elle.

Des demi-révélations paraissent avoir déjà eu lieu à cet égard ! Peut-être seront-elles complétées ; nous le désirons, du moins, pour éviter le scandale qu'entraînerait la discussion sur des faits de cette nature.

En traçant les dernières lignes de cet écrit, nous éprouvons le besoin de ne laisser aucune incertitude dans les esprits, ni sur le but que nous nous sommes proposé, ni sur le sentiment qui a guidé notre plume.

Plusieurs membres de la famille se sont fait d'avance une large part dans la succession de la mère commune, au détriment de leurs frères et sœurs. Il s'agit de faire rentrer dans la masse tout ce qui en a été abusivement détourné. Ce devoir (car c'en est un de provoquer la réparation d'une injustice) appartenait surtout à celui des enfants qui n'a rien obtenu, rien sollicité, convaincu que ce n'est qu'après la mort du chef de la famille que les enfants doivent recueillir son patrimoine. S'il profite des restitutions ordonnées, ceux-là en profiteront aussi qui furent moins heureux ou moins habiles que quelques-uns de leurs frères ; ce qu'il demande, ce qu'il espère obtenir, c'est un partage égal, entre tous les intéressés, des sommes et valeurs qui composeront ce nouvel actif héréditaire.

Quant au sentiment qui a inspiré M. Alfred Dornier, les magistrats et tous les hommes de bien l'auront éprouvé sans doute, en lisant cet écrit : c'est celui que doit exciter dans tous les cœurs généreux le spectacle affligeant d'une mère de famille en butte à des obsessions auxquelles sa faiblesse morale et physique ne lui permet pas de résister ; et cette sorte de lutte entre des enfants cupides, cherchant à s'approprier aux dépens des autres une partie du patrimoine que la nature ainsi que la loi les appelaient à recueillir également.

Il s'agit donc tout à la fois de donner satisfaction à des intérêts légitimes qui ont souffert une atteinte grave et de venger la morale indignement outragée. Les magistrats ne failliront pas à cette double et honorable mission.

Alfred DORNIER.

COFFINIÈRES,

Avocat, docteur en droit.

PARIS. — IMPRIMERIE CENTRALE DE NAPOLÉON CHAIX ET C⁰, RUE BERGÈRE, 20.

www.ingramcontent.com/pod-product-compliance
Lightning Source LLC
Chambersburg PA
CBHW061402060726
47597CB00003B/946